北京市教育委员会科学研究计划项目“北京市住宿业智能化无接触服务模式创新与政策研究”（SM202210031003）

北京第二外国语学院2022年度校级科研专项项目“人工智能背景下无接触服务模式与发展路径研究”（KYZX22A008）

北京第二外国语学院2022年度“青年学术拔尖人才（团队）计划”“旅游科技协同创新研究团队”（ BJTD22A002）

中国酒店业智能化新技术体验与应用研究

ZHONGGUO JIUDIANYE ZHINENGHUA XINJISHU TIYAN YU YINGYONG YANJIU

刘春 著

華中科技大學出版社
http://press.hust.edu.cn
中国·武汉

内容提要

文化和旅游部《“十四五”文化和旅游科技创新规划》指出，“研发旅游住宿智慧物联管理服务系统和平台”是“十四五”时期建设现代旅游业的重点领域之一。本研究聚焦中国酒店业智能化新技术体验与应用，梳理了中国酒店的科技发展史、当前中国酒店可用的自助服务新技术类型，同时将住宿业服务阶段划分为不同的服务场景，全面深入地探讨了消费者的持续使用行为。具体而言，本研究基于对酒店管理者和消费者展开深度访谈，从体验角度出发，构建了影响酒店和消费者偏好的多层次理论框架。

图书在版编目(CIP)数据

中国酒店业智能化新技术体验与应用研究/刘春著.—武汉：华中科技大学出版社，2024.2

ISBN 978-7-5772-0505-2

Ⅰ.①中… Ⅱ.①刘… Ⅲ.①智能技术－应用－饭店－商业经营－中国 Ⅳ.①F719.2-39

中国国家版本馆CIP数据核字（2024）第040256号

中国酒店业智能化新技术体验与应用研究 刘春 著
Zhongguo Jiudianye Zhinenghua Xinjishu Tiyan yu Yingyong Yanjiu

策划编辑：王　乾
责任编辑：鲁梦璇
封面设计：原色设计
责任校对：刘　竣
责任监印：周治超
出版发行：华中科技大学出版社(中国·武汉)　　电话：(027) 81321913
武汉市东湖新技术开发区华工科技园　　邮编：430223
录　　排：孙雅丽
印　　刷：武汉科源印刷设计有限公司
开　　本：710mm×1000mm　1/16
印　　张：12
字　　数：200千字
版　　次：2024年2月第1版第1次印刷
定　　价：69.80元

前　言

文化和旅游部《"十四五"文化和旅游科技创新规划》指出，"研发旅游住宿智慧物联管理服务系统和平台"是"十四五"时期建设现代旅游业的重点领域之一。但目前，文化和旅游科技创新体系尚不够完善，相关基础研究不充分，制约了科技在文化和旅游发展中的支撑作用。因此，完善基础理论，开展酒店业智能化新技术体验与应用研究，符合"十四五"时期文化和旅游科技创新规划的要求，有利于推动旅游现代化和国际化建设，研究成果对酒店合理配置智能化新技术和提升酒店智慧化水平具有重要的实践指导意义。

服务型机器人、自助入住终端等技术的出现，使得传统的"以人为本"的酒店业开始转向人机交互的新服务场景。这些能够使消费者在没有服务人员介入的情景下完成服务的智能化新技术界面，被称作自助服务技术，也即本研究的焦点。一方面，"以人为本"的服务业在这些智能化自助服务技术的冲击下发生了巨大的变化，证实了人们现在的消费需求已经发生了很大变化；另一方面，随着自助服务、自动化、人工智能等技术的推进，服务业逐渐朝着标准化的趋势发展。然而，将传统面对面的服务方式直接转换为智能化、自助式、非接触的服务方式，忽视了消费者对人际交往的诉求。"叫好不叫座"的现象屡见不鲜，有的自助服务设备使用率不高，有的出现故障而长期无法使用，有的本身只是一种摆设。

2016年，本书作者敏锐地观察到这类智能化自助服务技术的出现和迅速发展势必引发酒店服务应该偏向高度科技化还是高度人性化的讨论，因此作者从酒店管理者和消费者两个角度展开实地调查研究。在这一过程中，作者也陆续发表了一些学术论文，但这些成果较为分散，许多有趣且有意义的研究成果也未被发表。出于对该领域内的研究进行梳理与整合，并为酒店管理者、酒店业研究者提供有益参考的目的，作者完成了该项研究。

本研究从现实角度出发，采用科学的研究方法，系统梳理了智能化自助服务技术在酒店业的应用现状及消费者体验。具体而言，本研究基于多水平研究视角，从酒店管理者和消费者两个层次，探讨了智能化自助服务技术使用偏好的构建机制。鉴于技术采用涉及多个层面（如个人、团体组织、行业和社会），本研究弥补了目前学术界关于技术采用的研究只聚焦于单一层面（如消费者个人的技术接受）分析的不足。

本研究的成果有助于我国酒店业应对新一轮科技革命对文化和旅游服务模式、经营模式和发展模式的重构，从而积极迎接由此产生的新挑战，引导酒店业管理者以及其他领域的服务商根据消费者偏好合理配置智能化自助服务和人工服务，提升服务质量和企业效益。同时，本研究也可为政府决策部门提供参考，助力旅游供给侧结构性改革，推动旅游业高质量发展。

本研究的顺利完成非作者一人之功。特别感谢香港理工大学酒店及旅游业管理学院洪琴教授在研究过程中给予的指导与帮助。感谢来自30家酒店的管理者和29位消费者在调研过程中的大力支持。另外，感谢奚琦、陆希铭等研究生对本研究内容修订方面的帮助。特别感谢华中科技大学出版社的编辑老师们的辛苦付出！

最后，期待本研究能够为我国酒店业智能化新技术的应用提供一些有益参考。

刘春

2023年8月16日

目　录

第一章　绪　　论

第一节　研究背景

一、智能化新技术成为新趋势

随着技术不断进步，其持续的影响使许多基于技术的服务展现出补充或替代人工服务的潜力（Kaushik et al.，2015；Kim et al.，2014；Selnes et al.，2001）。特别是自助服务技术（self-service technology，SST）的出现，让消费者能够在没有服务人员直接参与的情况下获得服务（Meuter et al.，2000）。一系列无人化产品，如自动驾驶汽车、无人餐厅和商店，已经引起业界和民众的广泛关注。

酒店业也受到了此次智能化新技术革命的影响。为了提高效率和生产力、节约成本、增加利润、减少劳动力、提升服务质量、控制客户体验和提高客户满意度，酒店管理者一直在不断引进智能化新技术，包括自助办理入住/退房系统、自助点餐设备和机器人等（Kim et al.，2014；Shin et al.，2019）。回顾酒店业的新技术应用历史，我们发现酒店在20世纪40年代就开始采用电话预订服务。进入20世纪90年代，许多酒店开始建立自己的网站（如Hilton.com和ChoiceHotels.com），同时也出现了提供在线酒店预订服务的第三方网站（如Booking.com和Venere.com）。近年来，机器人酒店和无人酒店开始出现。与此同时，学术界也开始关注智能化新技术在服务业的应用。

当前关于自助服务技术的研究主要聚焦于两个方向。第一类文献主要是关于影响消费者采用自助服务技术的因素的研究。现有研究以理性行为理论（theory of reasoned action，TRA）、计划行为理论（theory of planned behavior，TPB）以及技术接受模型（technology acceptance model，TAM）或扩展的TAM等不同理论和概念为基础，探讨了消费者对自助服务技术的态度如何影响他们接受自助服务技术的意愿。现有文献中，影响消费者接受自助服务技术的因素可以归纳为四类，即自助服务技术的特征（如感知有用性）、消费者特征（如年龄）、情境因素（如感知等待时间）和任务属性（如复杂性）。在这些不同的因素中，相较于自助服务技术的特征和其他个体差异，先前体验是一个影响方式更为复杂的因素（Wang et al.，2012）。尽管学者们已针对产品首次体验、产品规范体验（product-norm experience），以及服务失败和补救体验的影响开展了相关研究（Bateson，1985；Kasavana，2008；Kim et al.，2014；Oh et al.，2013；Wang et al.，2012），但其他体验因素（如感受、乐趣和娱乐）的影响尚不清晰，需要进一步探究。

除此之外，多数研究成果主要关注消费者个人层面，对技术采用的宏观层面（如服务商）关注较少。目前尚缺乏深入探讨消费者在宏观环境中的技术采用行为及其综合影响机制的研究。在某些情况下，消费者可能被迫使用自助服务技术，如有些服务商完全不提供面对面的人工服务。此外，当前的研究多将技术与服务人员分开讨论，忽略了两种服务渠道（自助服务技术和人工服务）并存的现实。Pieterson 和 Ebbers（2008）的研究报告称，传统服务方式（如电话和面对面）的利用率并没有因为自助服务技术的出现而自然衰弱。这与 Cassab（2009）的研究结果一致，他认为尽管等待并向服务人员进行求助的过程是令人沮丧的，但并不会促使消费者放弃与现场服务人员进行互动。Sousa 和 Voss（2006）通过虚拟服务方式（如互联网）证实了服务的多渠道性质。因此，仅基于单一服务渠道的模型过于简单，有必要考虑将服务人员纳入考虑，即探讨消费者对不同服务渠道的偏好，而不仅仅聚焦消费者对单一渠道的使用意愿（如对自助服务技术的使用意愿）（Gelderman et al.，2011）。不应孤立地开展智能化新技术的应用研究，而应将其置于全服务渠道场景（Eriksson et al.，2007）。

第二类文献主要研究自助服务技术给服务领域带来的变化，包括其对消费者承诺（Beatson et al.，2006；Panda et al.，2011；Wei et al.，2016）、消费者满意度（Buell et al.，2010；Dabholkar et al.，2012；Meuter et al.，2000）、消费者忠诚度（Selnes 和 Hansen，2001）、服务质量（Sousa et al.，2006），以及诸如等待时间（Kokkinou et al.，2013；Wittmer，2011）和愉悦度等具体方面的影响（Collier et al.，2015）。

二、酒店业持续性引进自助服务技术

引进自助服务技术来为消费者提供服务可以带来很多好处，包括节约成本（Considine et al.，2016；Kasavana，2008）、产生成本效益（Rosenbaum et al.，2015）、改善服务质量（Kaushik et al.，2015；Kim et al.，2014；Oh et al.，2013）、提高生产力（Selnes et al.，2001）、减少服务质量偏差（Selnes et al.，2001）、创造竞争力和差异性（Griffy-Brown et al.，2008；Meuter et al.，1998；Oh et al.，2013）、提高满意度（Kasavana，2008；Ong，2010）、改善消费者体验（Considine et al.，2016）、提高消费者忠诚度（Griffy-Brown et al.，2008；Kasavana，2008）、提高效率（Griffy-Brown et al.，2008；Oh et al.，2013；Ong，2010）、重新分配劳动力（Kasavana，2008）、提供更便利的服务、优化运营管理（Wei et al.，2016），以及增加收入（Kasavana，2008）等。自助服务技术正日益盛行，并被广泛应用于营销领域（Zhu et al.，2007）。

酒店业也不例外。近年来，酒店业持续投资各种自助服务技术（Kim et al.，2012；Shin et al.，2019），旨在提高服务质量、改善客户体验、提升运营效率并降低成本（Kaushik et al.，2015；Kim et al.，2014；Shin et al.，2019）。与此同时，通过自助服务而非服务人员来获取服务的消费者人数正在增加（Meuter et al.，2000）。消费者也是自助服务技术的受益者，包括拥有更多服务渠道的控制权和选择权（Curran et al.，2005；Griffy-Brown et al.，2008；Kim et al.，2014；Meuter et al.，2003）、获得更多的灵活性（Kim et al.，2014）、获得更高的服务质量（Meuter et al.，2003；Pan et al.，2011）、在服务过程中体会到更多的娱乐性（Rosenbaum et al.，2015）、获得24小时全天服务（Meuter et al.，2003；Schumann et al.，2012）和更多的便利性（Griffy-Brown et al.，2008；Kim et al.，2014；Meuter et al.，2003；Rosenbaum et al.，2015）、节省时间和钱（Kim et al.，2014；Meuter et al.，2003；Rosenbaum et al.，2015；Wittmer，2011）、减少面对酒店员工时的焦虑（Rosenbaum et al.，2015）等。根据预测，基于技术的自助服务在便利性、控制性、一致性，以及节省时间和金钱方面，将超过人工服务。那么，服务领域的自助服务技术是否正在取代人工服务呢？

酒店业采用了很多自助服务技术，包括传统的自助服务，如电话预订、互联网在线预订和支付，以及新式的智能化技术界面，如移动端自助入住和自助退房服务（Kelly et al.，2017）。酒店通常同时使用多种自助服务技术，因为多种自助服务技术的融合有助于降低成本和增加利润（Kasavana，2008）。

本研究侧重于酒店线下使用的智能化自助服务技术，不包括酒店传统的自助预订等技术。原因在于，消费者更看重的是现场体验，而且电话预订技术已经过时，正逐渐被在线预订和手机预订所取代，在线预订和在线支付的技术和学术研究也日臻成熟（Sparks et al.，2011；Sudarno，2012）。此外，国内外的研究多以网上银行、自助存取款机、机场的自助值机终端、超市的自助结账终端为对象，对新兴智慧酒店的关注较少（Kaushik et al.，2015）。相比之下，酒店业的智能化自助服务技术仍然有很多值得探讨的地方。

事实上，这些智能化自助服务技术已经在从业者和普通民众中引发了非学术性的讨论，消费者对不同智能化自助服务技术的态度不同（Kaushik et al.,2015；Kim et al.，2014；Kucukusta et al.,2014）。更具体地说，消费者不仅对不同的领域中相似的智能化自助服务技术持不同的态度，而且对提供相同服务的不同智能化自助服务技术也持不同的态度（Curran et al.，2005；Kaushik et al.，2015；Meuter et al.，2003）。如果管理者对服务之间的一致性和差异性没有清晰的认识，那么其他行业的经验只能给管理者提供有限的参考（Cunningham et al.，2009）。因此，有必要对酒店业的智能化自助服务技术开展专门的学术研究。

三、智能化自助服务技术带来的负面影响

尽管智能化自助服务技术带来了很多好处，但一些研究人员和从业者对此持质疑态度，并注意到了该技术产生的负面影响。Ba等（2010）的研究指出，并非所有企业都是智能化服务系统的受益者，他建议对企业的竞争状况以及与竞争对手的动态互动进行分析。Hilton等（2013）担心自助服务技术无法成为节省资金和提高效率的有效方法。他们认为，因自助服务技术而提升的消费者参与度，应至少等同于消费者感知到的其他价值。在其他领域，如艺术、科学、军事和神学等，采用技术的从业人员也承认技术既能改善人类生活，也会损害人类生活（Naisbitt et al.,1999）。实际上，

消费者感知到的负面因素将会抑制他们使用自助服务的意愿。由于没有服务人员的直接参与，服务补救和消费者忠诚度可能会受到影响。此外，消费者与酒店之间的联系与互动也可能会减少，进而引发员工对自助服务技术的不满（Kim et al.，2014；Oh et al.，2013；Selnes et al.，2001）。

尽管自助服务技术不断发展，但其在酒店领域的采用率和利用率相对较低（Voelker，2010）。银行领域的相关研究表明，并不是所有客户都喜欢使用自助服务（Ba et al.，2010；Kaushik et al.，2015）。现实中，消费者参与自助服务的比例或程度在很多时候低于企业的设想与期望（岑成德等，2011）。这意味着服务商和消费者在初次尝试自助服务之后，可能会放弃继续使用自助服务技术。他们可能认为自助服务技术是“给商家省钱，却给消费者添麻烦”，将原本商家需要完成的任务转嫁给了消费者。因此，有必要评估自助服务技术是否如供应商预期的那样提升了客户体验。

Wünderlich等（2013）的报告称，如何获得消费者的认可并增加他们对创新服务的使用，是推广和普及智能化自助服务技术所面临的一大挑战。酒店应该全面了解消费者对智能化自助服务技术的态度（Kim et al.，2014）。关于消费者在多大程度上愿意将技术融入其住宿体验的讨论正在展开。一方面，智能化自助服务技术有着无限的可能性（Meuter et al.,2000），并且正在成为势头强劲的新趋势（Pan et al.,2011）。另一方面，消费者可能会受到智能化自助服务技术的负面影响。技术焦虑、挫折感、感知风险，以及失去客制化服务等可能导致消费者体验不佳。与此同时，在智能化自助服务场景中，员工和消费者之间的沟通互动所带来的积极影响（如响应速度、客制化服务、灵活性和愉悦体验）可能会消失（Ba et al.，2010；Kim et al.，2014；Parasuraman，2000；Schumann et al.，2012）。尽管现有文献正在就智能化自助服务技术的积极和消极影响展开讨论，但有关智能化自助服务中消费者体验的研究却不够全面。

鉴于智能化自助服务技术在服务业中的日益普及以及有关其优劣势的争论，从体验角度阐明智能化自助服务技术的抑制或促进作用具有重要意义（Giebelhausen et al.，2014）。为此，本研究试图通过探究酒店管理者和消费者在多大程度上接受将智能化自助服务技术引入酒店服务，来揭示智能化自助服务技术在酒店提供服务过程中的作用。

四、科技化还是人性化的争论

过去的研究表明，技术与人性化服务之间可能存在某种关联（Anderson，1995）。随着消费者个性化需求的增加，如何更好地平衡技术和人工服务的方法逐渐受到关注。基于技术的服务补充或取代由人提供的服务很有可能成为一种新趋势（Kaushik et al.，2015；Kim et al.，2014；Selnes et al.，2001）。根据经济学理论，替代商品和互补商品对所取代和补充的商品的需求都会产生巨大影响。

关于自助服务技术与人工服务之间的关系，之前的研究通常通过讨论高度科技化（high-tech）与高度人性化（high-touch）来探究自助服务技术的应用（Apte et al.，1993；Giebelhausen et al.，2014）。在回顾高度科技化与高度人性化的相关文献之前，首先要明确高度科技化和高度人性化的定义。

具体而言，高度科技化指的是由未来的进步、创新和过程控制所界定的高科技技术，其目的是让生活变得更加便利（Naisbitt et al.，1999）。从这个意义上说，旨在为消费者提供更多便利的创新型自助服务技术都可以被称为高度科技化。实际上，已有一些研究用高度科技化来指代自助服务技术（Salomann et al.，2006），或者以自助服务技术为例来探究高度科技化服务与人工服务之间的差异（Ba et al.，2010；Voelker，2010）。例如，Apte和Vepsäläinen（1993）从“高度科技化vs高度人性化”的角度出发，对以技术为中心的服务渠道（自动取款机）和以人为中心的服务渠道展开比较，进而探究了银行领域高效的服务提供策略。Kaushik等（2015）用“高度科技化和低人性化”（high-tech and low-touch）的服务方式替代“高度人性化和低科技化”（high-touch and low-tech）的服务方式，来描述先进的自助服务技术在服务提供过程中所带来的变化，这与Kim和Qu（2014）将自助服务技术视为最常见的可以补充或替代传统人工服务的“高度科技化和低人性化”技术之一的观点一致。因此，在本研究中，高度科技化用以指代酒店服务提供过程中的智能化自助服务技术（如自助办理入住/退房系统、服务机器人、智能音箱和智能控制面板等）。

最初，高度人性化的概念由Naisbitt于1982年提出，用以指代人类对技术的反应，并用以批评那些在某些时候不顾人与人之间的互动或个性化服务便将每项商业交易自动化的做法。1999 年，Naisbitt等人将 高度人性化定义为“拥抱生与死的原始力量（embracing the primeval forces of life and death）”和“拥抱承认一切比我们更伟大的事物（embracing that which acknowledges all that is greater than we）”。先前的研究通常简单地将高度人性化视为个性化的消费者服务互动，更确切地说，用“以人为本”来代表高度人性化（Apte et al.，1993)。因此，在本研究中，“高度人性化”用以指代能够提供个性化消费者服务而极少提供标准化服务的人工服务（Parasuraman et al.，1985)，与高标准化的自助服务形成鲜明对比（Schumann et al.，2012)。此外，这与 Giebelhausen等人（2014）的观点一致，他们认为“高度人性化和低科技化”准确地概括了消费者与服务人员之间的互动特点。

当前有关高度科技化和高度人性化的争论主要分为两个流派。第一个流派强调不同提供服务方式之间的协同作用（如自助服务技术和服务人员的协同）(Betancourt et al.，2016)。Naisbitt 等人倡导人性化地使用技术。“高度科技化和高度人性化”由 Naisbitt（1982）在其著作《大趋势：改变我们生活的十个新方向》(*Megatrends: Ten new directions transforming our lives*）中首次提出。在书中，“高度科技化和高度人性化”被视为最重要的概念。17 年后，Naisbitt 与他的女儿 NaNa 等人一起重新界定了“高度科技化和高度人性化”(Naisbitt et al.，1999)。在他们的研究中，“高度科技化和高度人性化”意味着在享受先进技术带来的好处的同时，保持精神信仰的和谐，或者更确切地说，强调将技术与人性相结合。对于维护人性的技术应该接受，而侵蚀人性的技术则应该被放弃。这就是“高度科技化和高度人性化”的由来，也是对其最全面的描述。然而，他们主要关注的是高度科技化和高度人性化相结合的必要性，而关于如何将科技与人性结合，却没有明确阐述。Salomann 等（2006）指出，在当今社会，自助服务系统面临的关键挑战在于平衡科技化与人性化。据此，他们提出了一些将自助服务与传统消费者接触服务相结合的建议（Salomann et al.，2006)。

然而，一些学者认为高度科技化和高度人性化并不相容，甚至会形成对立。高度科技化以标准化和自动化为特点，而这与高度人性化所强调的个性化和客制化相悖。标准化强调缩短时间和降低成本，而客制化旨在以效率和金钱为代价满足消费者的个性化需求（Wang et al.，2010)。此外，Kokkinou 和 Cranage（2013）还指出，通过自助服务技术提升客制化水平与减少等待时间之间存在矛盾。Kucukusta等则指出，自助服务技术带来的便利与豪华酒店服务人员提供服务的价值相冲突。例如，尽管无论是通过技术还是通过人工都可以解决问题，但使用技术的人与不使用技术的人对面对面互动的需求不同，酒店服务人员提供的情感价值很难通过技术来实现。

现有的一些研究表明，科技中介服务与传统服务相比，在成本构成、与满意度的关系以及个人敏感性和责任归因等方面存在差异（Schumann et al.，2012）。在成本构成方面，智能化系统需要较高的固定成本，但边际成本较低，而人工服务则需要较高的多元化成本（Ba et al.，2010）。在与满意度的关系方面，Panda等（2011）的研究表明，基于技术的自助服务表现与总体满意度之间没有显著关系，但在酒店环境中，人工服务表现与总体满意度显著相关。影响自助服务的满意度的因素与影响人工服务的满意度的因素截然不同（Meuter et al.,2000）。此外，还存在一种偏见，即与高度科技化的自助服务相比，消费者对高度人性化的人工服务的评估更为极端（Scherer et al.，2016）。在责任归因方面，选择个性化人工服务的消费者更倾向于将服务提供者视为责任主体，而选择高科技服务的消费者则更倾向于将责任归因于外部情境因素和自身（Scherer et al.，2016）。这与之前的研究并不一致。之前的研究表明，尽管自助服务是消费者为自己提供服务，但当出现问题时，很少有人会责怪自己（Meuter et al.,2000）。但早期的这些研究与Lin和Hsieh（2011）的观点不符，他们认为服务人员和非个性化机器可能提供相同的基本服务。鉴于这些相互矛盾的观点，人们对高度科技化和高度人性化、自助服务与人工服务之间的权衡产生了疑问：高度科技化和高度人性化是能够和谐共存的还是互不相容的？

另一项由Sousa和Voss（2006）完成的研究，为采用虚拟渠道的多渠道服务构建了一个服务质量框架。他们的研究明确指出了服务提供的多渠道性质，并通过阐明不同服务渠道（虚拟渠道、实体渠道和整合机制）的服务质量，将服务的营销与运营联系起来。不过，他们的研究主要侧重于不同服务渠道的影响结果，而不是服务渠道本身。

从服务交付过程的角度探索服务非常重要，因为它与服务结果同样重要（Mohr et al.，1995；Parasuraman et al.，1985）。过程与结果同等重要的原因可能是，服务交付由一系列连续的阶段组成，其中涉及人与人之间的互动（Mohr et al.，1995；Yang，2008）。此外，与机械式管理产生的结果相比，消费者通常对这些互动抱有更高的期望。因此，探究不同服务渠道对于创新技术的成功应用具有重要意义。然而，现有研究并未提出很好的方法来解决在应用不同服务渠道时所面临的困境。为了填补这一空白，本研究旨在探究自助服务技术在酒店服务提供过程中的应用，以帮助解决酒店领域关于高度科技化和高度人性化的争论（Wei et al.，2016）。

第二节 研究目的与研究意义

一、研究问题与研究目的

通过回顾此领域的现有研究，我们可以发现当前研究的局限性以及开展进一步研究的必要性。首先，之前的研究将自助服务技术与员工分开讨论，忽视了二者之间可能存在的相互作用。依赖偏好理论认为，消费者偏好不仅受产品或服务本身属性（绝对效用值）的影响，往往还取决于与该产品或服务处于同一选择集的其他产品或服务（参照点）的比较（Kahneman et al.，1979；汪平等，2022），即消费者的偏好取决于与参照点的偏差（Tversky et al.，1991）。如果超过参照点，那么是“得”，即收益（gains）；如果低于参照点，那么是“失”，即损失（losses）（Tversky et al.，1991）。与参照点相比，所获得的收益（gains）与损失（losses）对消费者偏好的影响不同（Kahneman et al.，1979；Nicolau，2011）。一般来说，面对同样数量的收益和损失时，人们对损失的反应要大于收益，即损失规避（loss aversion）（Kahneman et al.，1979）。因此，有必要将自助服务技术所替代的人工服务考虑在内，并探讨人工服务对消费者服务渠道决策偏好的影响，而非仅关注消费者使用自助服务技术的意愿（Gelderman et al.，2011）。为此，需要解决两个问题：参照点的位置（人工服务的表现）和自助服务技术与参照点之间的差异程度（收益或损失）（Kahneman et al.，1979）。例如，人们认为自助服务技术是否有用其实取决于其所替代的服务人员的有用性。因此，自助服务技术对服务带来的变化程度亟须探讨。

除此之外，与相对成熟的关于在线预订技术的研究相比，学术界对酒店业创新型自助服务技术的研究还不够深入。考虑到创新对企业绩效（Silva et al., 2017）、消费者价值（Foroudi et al., 2016）、消费者参与度（Ngo et al.，2013）以及消费者的酒店选择（Kucukusta et al.，2014）的影响，创新型的自助服务技术（如手机自助入住系统、面部识别系统和机器人）值得关注。现有研究已探究了银行业的自助服务技术（如 ATM、电话银行和网上银行）（Buell et al., 2010）、机场的自助值机柜台（Gelderman et al.，2011；Lu et al.，2009）以及零售业的自助售货机（Lee et al.，2013；Wang et al.，2012）。虽然一些学者已经开始关注自助入住终端在酒店中的应用（Kim et al.，2014；Kokkinou et al.，2013），但由于消费者对提供相同服务的不同自助服务技术持有不同的态度（Curran et al.，2005），因此单纯探究自助入住终端在酒店中的应用对我们了解手机自助入住系统的意义并不大。此外，酒店服务的提供远比机场值机这类单一的服务接触要复杂得多。现有的研究往往将酒店服务作为一个整体，或仅专注于某一特定服务场景（如登记入住），而忽略了酒店服务包含的客房服务、餐厅和退房等多个服务场景。消费者接受自助入住技术并不一定意味着他们也偏好机器人送餐服务等其他自助服务技术（Liu et al.，2020）。因此，考虑到消费者对不同自助服务技术的不同态度，有必要对酒店服务过程进行服务场景划分，并探讨在不同的服务场景，当消费者拥有选择服务渠道（自助服务技术或人工服务）的自由时，他们对特定自助服务技术的偏好。这种对酒店服务过程的划分，有利于我们更详细深入地了解消费者的意向和行为偏好。

我们对创新型自助服务技术的消费者体验的了解还不够全面。酒店管理者可能希望利用自助服务技术提升服务水平并优化消费者体验（Considine et al.，2016）。然而，消费者的反应并不一致。换句话说，一些消费者表示体验有所改善（Kasavana，2008），而另一些消费者的体验则很糟糕（Meuter et al., 2003）。造成这种差异的原因尚不清楚。体验设计和服务流程设计是酒店管理者的重要业务，因此应从酒店管理者的角度进行研究（Zhang et al., 2008）。这与 Hilton 等人（2013）的观点一致，他们建议学者将对创新型自助服务技术消费者体验的理解从消费者视角扩展到组织视角。根据认知供给理论（cognitivist theory of affordance），认知供给分为三种类型（Cardona-Rivera et al.，2013；Norman，1999）。第一种供给是指实际可能存在的情况，在本研究中指酒店管理者希望为消费者提供的体验；第二种供给是消费者感知到的可能性，在本研究中指消费者感受到的体验；第三种供给通常是指真实供给与感知供给之间的差异。因此，有必要探讨消费者感知到的体验和酒店管理者想要通过自助服务技术为消费者提供的体验之间是否存在差异。这与Kokkinou和Cranage（2013）的观点不谋而合，他们的研究认为，业界对自助值机时间的估计与机场实际值机时间并不一致。

综上所述，以下问题亟待探讨。

从体验角度看，如何在酒店服务过程中建立消费者和酒店管理者对自助服务技术的偏好？该问题可分解为以下三个方面。

（1）在不同的酒店服务阶段（如入住、客房、餐厅和退房），消费者和酒店管理者的偏好是什么？

（2）在酒店服务过程中，消费者和酒店管理者的偏好是如何构建的？

（3）消费者的偏好在多大程度上与酒店管理者的偏好相一致？

因此，本研究旨在从体验的角度，构建一个可以阐明消费者和酒店管理者如何在酒店服务过程中建立起对自助服务技术的偏好的框架，即：

（1）揭示在酒店服务过程中消费者和酒店管理者在多大程度上偏好自助服务技术；

（2）深入了解消费者的自助服务技术体验；

（3）确定影响消费者和酒店管理者在酒店服务过程中对自助服务技术偏好的体验因素；

（4）探讨和解释消费者感受到的体验和酒店管理者想要为消费者提供的体验之间可能存在的差异。

二、研究价值和意义

探究酒店服务过程中酒店管理者和消费者的自助服务技术偏好构建具有十分重要的理论意义和实践意义。

首先，本研究建立了一个概念框架，以阐明消费者和酒店管理者对自助服务技术偏好的形成，这不仅能促进我们对个人和组织行为的理解，更有助于解决关于高度科技化和高度人性化的争论。偏好被认为是行为意向的本质（Slovic，1995）。然而，人们可能并不清楚自己的偏好。因此，阐明自助服务技术的偏好构建过程是对先前自助服务技术采用研究的有力补充，并填补了组织自助服务技术采用研究的空白。此外，将酒店服务过程划分为多个服务场景（如入住、客房、餐厅和退房），可以更全面、细致地探讨消费者和酒店管理者对不同服务渠道（自助服务技术和人工服务）的偏好。

其次，对自助服务技术的深入认识有助于我们理解技术在人类生活中的作用。许多技术被用于帮助服务人员提高消费者体验，本研究则探究没有服务人员直接参与的自助服务技术在帮助消费者处理任务方面的作用。基于此，本研究鼓励学者和从业者重新思考体验经济。虽然自助服务技术可能会提高消费者的参与感，从而提升消费者体验，但自助服务技术的标准化与体验经济的客制化需求相冲突。体验经济强调体验是通过消费者与服务人员之间的融洽互动产生的，而不是服务人员在没有消费者参与的情况下提供服务（Pine et al.，1998；Xu，2010）。然而，智能化的自助服务技术移除了消费者与服务人员之间的互动（见图 1-1）。因此，本研究能提高我们对技术在人类生活和体验经济中的作用的认识，特别是那些不需要消费者与服务人员直接进行互动的技术（Curran et al.，2005；Kucukusta et al.，2014）。

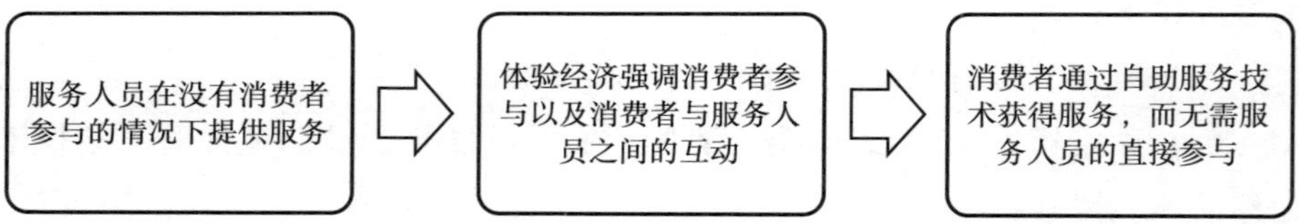

图 1-1　消费者与服务人员的互动演变

本研究得出的结论可以帮助酒店管理者或其他服务业从业者厘清和正确认识自助服务技术相较于人工服务的优劣，进而在投资引进自助服务技术时可以做出合理的决策，并根据客户需求调整服务过程中的服务渠道配置。

本研究回顾了酒店领域技术应用的历史，可为酒店管理者提供有益的参考。考虑到消费者的反应和从业人员的观点对智能化新技术的成功应用和推广起着至关重要的作用（Hansen，1995；Sahadev et al.，2005；Zhang et al.，2009），阐明消费者和酒店管理者的偏好可以为从业者提供参考，以决定是否采用自助服务技术以及在何种程度上采用自助服务技术。通过探究消费者和酒店管理者的偏好以及在服务过程中两个群体的偏好和体验之间可能存在的不一致，酒店管理者可以据此做出相应的调整，进而提高消费者忠诚度（Buell et al.，2010）。在服务过程中，酒店管理者可以采取更优的策略来部署和管理不同的服务渠道，而不是简单地决定是否采用自助服务技术（Wang et al.，2012）。对服务渠道的有效管理可以提高组织在竞争日益激烈的市场中获得盈利和成功的可能性（Meuter et al.，2000）。

第三节 本章小结

本章介绍了研究的基本背景，指出了研究空白，提出了研究问题和研究目的，论证了研究的意义。具体而言，智能化新技术正在成为一种新趋势，而自助服务技术是促进和改善服务的极为重要的技术类型之一。先前有关自助服务技术的研究可归纳为两个方面：消费者对自助服务技术的采纳意愿及其结果。然而，当前的研究忽略了服务交付的多渠道性，一些研究结果也并不一致。关于不同服务渠道（自助服务和人工服务）之间的选择尚未有定论。现有的关于高度科技化和高度人性化的争论，亦未有定论。例如，Naisbitt等（1999）提倡在追求高度科技化的同时要兼顾人性化，而也有学者强调高度科技化与高度人性化之间的不兼容（Kokkinou et al.，2013）。因此，本研究试图建立一个框架，以阐明在酒店服务交付过程中，与人工服务相比，消费者和酒店管理者如何构建起他们对自助服务的偏好。本研究还旨在确定消费者体验是否会随着自助服务技术的应用而优化。本研究不仅可以深化和扩展我们对自助服务技术和体验经济的了解，也对自助服务技术在酒店业的实际应用具有重要参考价值。

第二章　酒店业智能化技术应用研究述评

本研究旨在从体验角度出发，阐明酒店管理者和消费者在酒店服务提供过程中对自助服务技术的偏好构建。为实现研究目标，本章首先回顾有关服务渠道、消费者体验、高度科技化与高度人性化之争等的相关文献，以及技术采用的相关理论。在上述工作的基础上，详细描述当前的研究进展并指出该领域的研究空白，进一步强化第一章中提出的研究问题和研究目的。

第一节　酒店业的服务渠道：人工服务 vs 自助服务技术

一、服务交付渠道

服务交付（service delivery）是指“通过商品（机制）应用专业能力的过程（the process of applying specialized competences through goods or mechanisms）”（Chen et al.，2009）。渠道是指满足消费者需求的方法（Betancourt et al.，2016），或“沟通、提供服务和完成交易的机制（mechanisms for communication，service delivery，and transaction completion）”（Berry et al.，2010）。Sousa 和 Voss（2006）将服务交付渠道定义为“向消费者提供服务（或消费者获得服务）的沟通方式[the means of communication through which a service is delivered to（or reaches）the customer]”。他们进一步介绍了两种不同的服务交付渠道，即利用各种技术提供自助服务的虚拟渠道和强调人工参与的实体渠道。据此，本研究认为，服务交付渠道是指消费者为完成任务或接受服务而采用的方式。

消费者可能会采用不同的服务渠道来满足他们的需求（Berry et al.，2010；Pieterson et al.，2008；Pieterson et al.，2007）。随着科技的进步和多样化，服务商（如零售商和政府部门）越来越多地采用多样化的服务渠道为消费者提供服务（Berry et al.，2010；Reddick et al.，2012；Sousa et al.，2006）。其中一些渠道通过自助售货机、自助服务设备、电话、电子邮件和网站等方式为消费者提供服务。技术有助于提高企业的内部运营效率，改善运营流程（Zhang et al.，2009）。一些企业或政府部门已经利用技术（如互联网、互动电视和移动设备）来作为传统服务渠道的补充（Sousa et al.，2006），而另一些企业则越来越多地使用智能化新技术替代传统服务渠道（Cassab，2009）。似乎不同的渠道不仅可以互补，也可以相互替代（Berry et al.，2010）。互补渠道被认为是相互平衡、可以共存的，而平行（或替代）渠道则意味着，如果采用其中一种渠道提供服务，其他的服务方式将不会再被使用（Sousa et al.，2006）。

然而，服务渠道的多样性引发了一场辩论。一方面，多元化服务渠道的协同作用能更有效地满足消费者需求（Betancourt et al.，2016）；另一方面，服务渠道的不一致性可能会使消费者感到困惑（Berry et al.，2010）。此外，困难还在于服务质量和管理水平，尤其在涉及自助服务技术时更为突出（Berry et al.，2010）。自助服务技术虽然可以极大地提高效率，但由于缺乏人际沟通与互动，可能对消费者与企业之间的关系和消费者忠诚度产生负面影响。因此，有必要阐明如何在不同服务渠道之间做出权衡。

先前对服务渠道多样性的研究主要集中在两个方面：公共服务渠道多样性和市场化服务渠道多样性。公共服务渠道是指政府向市民和企业提供服务的渠道。该领域的研究包括多服务渠道管理、服务渠道选择的前因、服务渠道选择相关理论，以及电子政务（如网站和电子邮件）与传统服务渠道（如电话和访问政府办公室）的比较（Pieterson et al.，2008；Pieterson et al.，2007；Reddick et al.，2012；Shareef et al.，2016；Van den Boer et al.，2016）。

由于许多公民往往选择使用不同的服务渠道（Pieterson et al.，2007），因此政府常常为公民提供不同的服务渠道（Pieterson et al.，2008；Reddick et al.，2012）。Reddick和Turner（2012）指出，公民的服务渠道选择往往是基于不同的服务场景选择不同的服务，而不是“A或B”的二进制选择。Pieterson和Ebbers（2008）进一步指出，不同的服务渠道在完成特定任务时具有特定的优势。Reddick和Turner（2012）的研究揭示了数字鸿沟（digital divide）、居民与政府部门互动的本质、公共服务价值观和服务满意度影响居民公共服务渠道选择。Pieterson和Van Dijk（2007）认为，人们的服务渠道选择受到习惯、服务渠道特征、任务特征（如复杂性和模糊性）、情境约束、经验和个人特征的影响。Shareef等（2016）的研究表明，无缝连接（seamless connectivity）、时间和地点的交互性（time and location sensitive interactivity）、结构化新闻的信息性（informativeness of structured news）、信息处理的便利性和吸引力（ease and attractive information processing）、相关信息的针对性（target-oriented relevant information）影响着服务渠道的能力和居民满意度。然而，这些因素还远远不够，尚有大量未发现的因素影响着消费者对不同服务方式的偏好（Pieterson et al.，2007）。

在市场化服务渠道方面，Chen等（2009）认为创新导向和信息技术（IT）能力（包括IT基础设施、人力IT资源和IT支持的无形资产）在推动服务渠道创新上具有关键作用。Cassab（2009）的研究揭示了不同的服务渠道根据其服务属性（如问题处理、网站可用性、记录准确性、自动电话系统可用性和可伸缩性）高于或低于平均市场水平，对消费者忠诚度产生影响。Sousa和Voss（2006）提出了多服务渠道的质量框架，区分了虚拟质量（自动服务）、实体质量（人工服务）和整合质量。Berry等（2010）提出了有关服务渠道一致性在提供互动服务中的作用的未来研究方向。Betancourt等（2016）的研究认为，线上和线下的服务渠道会根据空间、保障、时间、信息形式以及广度和深度产生不同的服务水平。此外，不同服务渠道在分销服务能力（Betancourt et al.，2016）和互动零售服务特征（如氛围和社会环境）（Berry et al.，2010）方面的差异也引起了一定的关注。与公众服务渠道多样性的研究相比，关于市场化服务渠道多样性的研究，特别是酒店服务渠道多样性的研究相对有限。

现有研究主要集中于酒店业的两种服务交付渠道，即自助服务技术和人工服务（见表2-1）。自助服务技术代表的是没有服务人员直接参与的服务交付渠道，而人工服务强调的是服务人员的全程参与（Berry et al.，2010）。此外，先前有关服务交付渠道的研究主要关注政府提供服务的网站或电子邮件（Pieterson et al.，2008；Pieterson et al.，2007；Reddick et al.，2012；Van den Boer et al.，2016）。关于智能化的服务交付渠道（如自助服务技术）的研究相对匮乏，有待进一步补充。

表 2-1　先前关于服务交付渠道的研究

作者（年份）	研究背景	研究方法	服务方式	研究重心	主要发现
Pieterson和Ebbers（2008）	荷兰；政府层面	定量	传统服务渠道：面对面（前台）；电话；邮寄/书面 电子政务：网站；电子邮件	多服务渠道管理	公民使用多种服务渠道； 公民对传统渠道和电子渠道的使用因年龄、教育程度和数字鸿沟而不同，但在性别上没有显著差异； 公民对传统渠道和电子渠道的评价不同
Pieterson和Van Dijk（2007）	荷兰；政府层面	定性	前台；电话；邮件；网络	服务渠道选择	已确定的影响服务渠道选择的因素： 习惯； 服务渠道特征； 任务特征； 情境约束； 经验； 个人特征
Reddick和Turner（2012）	加拿大；政府层面	定量	电子政务：手机；网站；邮箱 传统服务：电话；访问政府办公室	服务渠道选择；服务渠道选择的满意程度	服务渠道选择不是“A或B”的二进制选择。 影响服务渠道的选择和满意度的因素： 人口统计学特征； 数字鸿沟； 居民与政府部门互动的本质； 公共服务价值观； 服务满意度
Shareef等（2016）	美国、印度和孟加拉国；公共服务层面	定量	移动电话短信服务（mobile phone short messaging service，SMS）	对移动电话短信服务的评价	影响服务渠道的能力和居民满意度的因素（这些因素因文化而异）： 无缝连接； 时间和地点的交互性； 结构化新闻的信息性； 信息处理的便利性和吸引力； 相关信息的针对性

续表

作者（年份）	研究背景	研究方法	服务方式	研究重心	主要发现
Van den Boer等（2016）	荷兰；企业和政府层面	定量	电话；面对面；邮箱；书面；网站；社交网站；移动短信服务	服务渠道选择；来源选择；信息搜索；服务渠道和来源的选择顺序	企业在两个阶段的信息搜索过程中都要选择信息源—服务渠道组合； 他们对服务渠道和来源的类型、数量和顺序的选择与任务特征和职位有关
Berry等（2010）	超市			创新；互动服务	通过创新为消费者提供互动服务的渠道，零售商获得了五大机遇： 消费者的力量不断增强； 服务渠道的协同效应； 交易前和交易后的服务； 资源利用最优化； 消费者的异质性
Cassab（2009）	美国；手机行业	定量联合分析		多服务渠道属性；消费者忠诚度	影响消费者忠诚度的属性： 问题处理； 网站可用性； 记录准确性； 自动电话系统可用性； 可伸缩性
Chen等（2009）	金融公司	定量		服务交付创新；公司业绩	提供服务创新的前因： 创新导向； 外部合作伙伴协作； 信息技术能力； 服务创新有利于提高企业绩效
Sousa和Voss（2006）			物理方式（人工干预）；虚拟方式（自动化）	服务质量；多种服务渠道的质量框架	提出了多服务渠道的质量框架： 虚拟质量； 实体质量； 整合质量

二、高度人性化服务中的服务人员

服务是指一种行为、行动或表现。服务营销被定义为“对活动和过程（如医疗保健、娱乐、空中旅行）进行营销，而不是对产品（如洗衣粉、汽车）进行营销（the marketing of activities and processes [eg，health care，entertainment，air travel] rather than objects [eg，soap powder，cars]）”（Solomon et al.，1985）。然而，由于服务的短暂性，描述服务并非易事。同样，关于服务的分类也有很多。例如，Lovelock（1983）出于战略营销的目的，根据服务行为的本质、服务组织与客户之间的关系、客制化程度、服务需求与供应之间的关系以及服务交付渠道，对服务进行了分类。Lovelock（1983）以酒店为例，指出尽管酒店服务具有高度客制化的服务特征，但服务人员在改变服务特征以满足消费者个性化需求时的自主权和判断力（judgement）较低。

然而，一些研究人员质疑这一观点，并指出服务人员拥有为消费者实时提供客制化服务并选择服务交付渠道的机会（Zeithaml et al.，1987）。Gwinner等（2005）认为服务人员应该承担提供客制化服务的责任，他们提供客制化服务的能力和动机是客制化服务成功的必要前提。Gwinner等（2005）亦通过定量方法证实了服务人员有能力提供客制化服务。客制化服务需要服务人员的参与和贡献（Wang et al.，2010）。服务人员在客制化服务中的角色涉及人际服务适应性行为（interpersonal adaptive behavior）和服务提供适应性行为（service offering adaptation behavior）。为了满足个别消费者的特定需求，前者被定义为服务人员调整多种人工服务沟通要素，而后者则等同于量身定制或提供独特的服务属性。高度人性化一般表现为客制化的消费服务互动，很难通过服务人员提供标准化服务达到（Parasuraman et al.，1985）。相比之下，基于智能化自助服务技术的服务是一个高度标准化的过程（Kim et al.，2012）。换句话说，消费者对与自助服务技术的互动有明确的期望，并希望每次体验能保持一致（Kim et al.，2012）。这与企业在提供服务时期望通过自助服务消除服务人员带来的服务差异性是一致的（Mattila，1999）。在本研究中，能够提供客制化服务而不是标准化服务的服务人员代表高度人性化，符合“高度人性化和低科技化”这一标准，这一标准准确地描述了消费者与服务人员之间的互动（Giebelhausen et al.，2014）。

尽管提供客制化服务对与消费者维持稳定的关系至关重要，但服务人员可能会发现自己处于两难境地，即如何在高效工作的同时满足消费者的个性化需求。有关服务人员的现有研究可分为三类：服务人员管理、影响服务人员绩效的因素及其结果（如对企业形象、消费者参与、消费者满意度和服务质量的影响）。Menguc等（2013）通过定量方法，证明监督反馈会影响服务人员的参与度，进而影响消费者对服务人员绩效的评价。Kim和Cha（2002）以酒店为背景，通过定量方法证明了服务提供者的关系导向、消费者导向和属性（专业知识、经验和外表）对服务提供者和消费者之间关系的积极影响。

先前有关服务人员管理的研究，涉及服务人员责任和人类基本价值观（Ariza-Montes et al.，2017）、服务人员的服务破坏行为（Lee et al.，2014）、服务人员培训（Dhar，2015）、服务导向行为的驱动因素（如心理契约）（Lu et al.，2016）以及服务人员的知识管理（Shamim et al.，2017）等。

关于影响服务人员绩效的因素，Price等（1995）的研究表明，服务提供者的角色和消费者的服务满意度与服务接触的结构相关，即持续时间、情感内容和距离。这与Solomon等（1985）的研究结果一致，他们根据角色理论指出，消费者和服务提供者之间一致的角色期望会促进社交互动，而不一致的角色期望则会抑制社交互动。他们指出，长时间的接触可能会让服务人员付出大量的情感劳动。此外，他们还使用整体表现、真实理解和额外服务来衡量服务人员的表现。研究表明，消费者对服务人员整体表现的感知与真实理解和额外服务相关（Solomon et al.，1985）。现有研究还验证了组织管理对服务人员反应的影响，而服务人员反应会显著影响消费者感知到的服务质量（Hartline et al.，1996）。现有研究也探究了组织政策对员工承诺的影响（Lau et al.，2017），以及企业分权对员工参与的影响（Rangus et al.，2017）。King等（2013）的研究表明，服务品牌定位和消费者导向分别是服务人员的积极品牌定位行为和消费者导向行为的必要条件。Gwinner等（2005）验证了消费者知识、适应性倾向和动机对服务人员适应性行为的影响。此外，运营环境及其为服务人员提供的潜在和显性信号有助于决定员工角色，从而对消费者产生影响，并受到消费者的影响（Solomon et al.，1985）。此外，Schepers等（2016）证实了角色冲突对服务人员绩效的影响，这受到服务人员学习导向（learning orientation）和管理者鼓励改进（manager encouragement for improvement）的调节。

员工满意度、留任和生产力与企业的成功息息相关。现有的研究已证明服务人员在企业形象、消费者参与、满意度、服务质量、服务接触、社交关系和消费者体验中发挥重要作用（Bitner et al.，1994；Bitner et al.，1990；Fischer et al.，1997；Hartline et al.，1996；Kim et al.，2002；Mohr et al.，1996；Price et al.，1995）。例如，研究证明员工满意度和忠诚度是企业绩效的重要决定因素，其影响服务质量、消费者满意度和企业盈利（Yee et al.，2008；Yee et al.，2010）。

更具体地说，就企业形象而言，消费者感知到的服务人员角色模糊和角色超载会对品牌联想、感知质量和品牌忠诚度产生负面影响，而消费者与服务人员的融洽关系则会产生积极影响（Biedenbach et al.，2011）。除此之外，研究还发现服务人员的幸福感会给消费者对其的评价带来积极影响，进而对企业整体评价产生积极影响（Söderlund et al.，2017）。

服务人员不仅要提供有效的服务，还要鼓励消费者积极参与，这对创造积极的消费者体验非常重要（Xu，2010）。消费者持续采用网络支持服务的意愿受到感知真实性的影响，可以通过提升消费者对服务人员的友好度或增加服务的信息性和感知有用性得到增强（Turel et al.，2013）。服务人员敬业度与创造的服务氛围对服务场景与消费者行为意向的关系具有一定的影响（Chang，2016）。酒店服务人员在网络上发布的有关工作条件的内容，也会影响消费者满意度、口碑和再次光顾的意愿（Melián-González et al.，2017）。

在满意度方面，选择最佳的服务人员对消费者满意度和企业成功起着至关重要的作用（Mohr et al.，1996），这可能是因为在服务环境中，定期的互动非常重要（Mohr et al.，1995）。Solomon 等（1985）证实服务人员和消费者之间的双向互动是影响消费者满意度的决定性因素。Price 等（1995）进一步指出服务人员的表现影响消费者满意度。例如，服务人员在服务过程中表现出的倦怠会对消费者满意度产生负面影响（Söderlund，2017）。一般来说，服务人员付出的努力越多，消费者给予的积极评价就越高（Mohr et al.，1995）。Bitner 等（1990）根据航空公司、酒店和餐馆的 700 起消费者关键事件，揭示了导致消费者满意/不满意的三类员工行为，即员工对服务提供的反应、消费者的需求和要求、员工的提示和非主动行为。四年后，

Bitner等（1994）从服务人员的角度探讨了服务接触中满意/不满意的前因。他们的研究结果显示，导致服务人员和消费者满意/不满意的前因上基本一致，只是服务人员认为消费者自身的行为是导致他们满意/不满意的前因。值得注意的是，服务人员的人口统计学特质与其工作表现一样，也会对消费者满意度产生影响。例如，Mohr和Henson（1996）有关汽车维修护理的研究表明，服务人员是否从事与其性别相符的工作（gender-job congruency）影响消费者对服务人员的评价和满意度。Rod等（2016）的研究表明，银行服务人员提供的关系型服务对男性消费者的满意度有显著影响，而对女性消费者来说，服务人员提供的核心服务才是最重要的。

此外，企业、消费者和学者都非常重视服务质量（Dabholkar，1996）。Grönroos（1984）根据产品性能（工具性能和表现性能）将服务质量分为技术质量和功能质量。Parasuraman等（1985）确定了服务质量的十个决定因素，即访问（access）、沟通（communication）、能力（competence）、礼貌（courtesy）、可信性（credibility）、可靠性（reliability）、响应性（responsiveness）、安全性（security）、有形性（tangibles）、理解或了解消费者（understanding or knowing the customer），并将其简称为SERVQUAL。随后，Knutson等（1993）将SERVQUAL调整为LODGSERV，以衡量酒店业服务质量，包括可靠性、保证性（assurance）、响应性、有形性和共情性（empathy）。Lehtinen等（1991）从三个维度定义了消费者感知的服务质量，即实体质量（physical quality）、互动质量（interactive quality）和企业质量（corporate quality）。Parasuraman等（1985）还指出，服务有时是在消费者与服务人员的互动和沟通过程中发生的。Lin和Hsieh（2011）证实了服务中互动的必要性。因此，沟通，或者更确切地说，互动，在服务质量中发挥着重要作用（Parasuraman et al.，1985），服务人员对服务质量的影响已得到证实。Malhotra等（2013）认为，认可与重视运营目标和身份的服务人员比那些不重视的服务人员更有可能表现好。具体而言，服务人员的态度和行为反应影响消费者对服务质量的感知。提高服务人员的自我效能感和工作满意度，减少他们的角色冲突和模糊性，可以提升消费者感知到的服务质量（Hartline et al.，1996）。除此之外，人口统计特征（如性别和年龄）也被证明影响服务质量。Fischer等（1997）指出，对服务人员性别的刻板印象影响消费者对快餐店、理发店和口腔医院等服务行业的感知服务质量评价。

关于与服务人员互动所产生的消费者体验问题，将在不同服务渠道的互动所产生的消费者体验部分进行探讨。

三、酒店业中的高度科技化

1. 自助服务技术的定义

随着技术的不断发展，服务业发生了巨大的变化（Meuter et al., 2005）。基于技术的新型服务不断涌现，学术界注意到了这一转变，并开始研究基于技术的服务（Dabholkar, 1994; Froehle et al., 2004; Kim et al., 2006; Schumann et al., 2012）。Dabholkar（1994）提出了基于技术的服务分类方案。该方案从三个维度对服务进行分类，即谁（人对人/人对技术）、在哪里（在消费者家中/工作场所/服务现场），以及如何（物理距离和邻近性）提供服务。值得注意的是，"人对技术"服务是由消费者利用技术来完成服务，因此这种类型的服务可以看作自助服务技术。近20年后，Schumann等（2012）提出了一种新的技术中介服务的分类方法，将技术中介服务分为自助服务和递送服务（delivered services）。技术中介服务被界定为"由服务提供者和消费者之间的技术接口提供的服务，允许在远距离上进行即时信息交换（services provided by a technological interface between provider and customers, which allows for an immediate exchange of information over long distances）"。Froehle和Roth（2004）将以技术为中介的消费者服务分为五种模式，即无技术模式、技术辅助模式、技术促进模式、技术中介模式和技术产生的消费者服务模式。技术产生的消费者服务模式是指服务人员完全被技术所替代，即自助服务。

这些研究证实了自助服务技术的普遍存在和重要性。自助服务技术起源于Dabholkar（1996）首次提出的基于技术的自助服务选项（technology-based self-service options），但他并没有阐明这一概念的内涵和特征。Wünderlich等（2013）将自助服务定义为消费者活动水平高、服务人员活动水平低的服务，这表明自助服务是消费者根据自身和服务人员的活动水平，利用技术进行的最大程度的单边活动。Meuter等（2000）将自助服务技术视为"使消费者能够在没有服务人员直接参与的情况下获得服务的技术界面（technological interfaces that enable customers to produce a service independent of direct service employee involvement）"。自此，这一定义成为自助服务技术的主流定义。据此，本研究的智能化自助服务技术指的是酒店在线下服务接触场景中依赖自助服务技术（如自助入住终端、机器人、智能语音）为消费者提供服务。

2. 酒店业可用的自助服务技术

随着自助售货机等传统自助服务技术得到更新，创新和智能化的自助服务技术开始不断涌现（Meuter et al.，2000），自助服务技术在企业中得到越来越广泛的应用（Zhu et al.，2007）。这些自动化交易带来的好处，包括便利性、自我控制、减少成本、节约时间以及一致性，已得到银行和机场等领域的从业人员和消费者的认可。然而，自助服务技术在酒店业中的应用前景仍然有待探索（Kasavana，2008）。例如，酒店业的自助入住终端（self-service kiosks，SSKs）并不像机场的自助值机终端那样常见和成功。希尔顿酒店于1997年首次尝试引入自助服务终端，但以失败告终（Griffy-Brown et al.，2008）。此外，尽管酒店业者重视自助服务技术带来的好处，但消费者似乎并没有意识到自助服务技术在酒店业的积极作用，这可能是因为消费者不知道酒店有哪些自助服务技术可用。了解酒店业可用的自助服务技术种类，有利于推动酒店管理者和消费者采用自助服务技术。

相对于学术领域对服务分类的关注（Lovelock，1983），基于自助服务技术种类的研究相对较少。除了Kasavana（2008）、Meuter等（2000）和Ong（2010）之外，鲜有其他学者试图系统阐述消费者可使用的自助服务技术范围。Meuter等（2000）将自助服务技术划分为四种界面，即电话/互动语音、在线/互联网、互动终端以及视频/CD，并从消费者角度将自助服务技术的用途划分为三类，即消费者服务、交易和自助。Kasavana（2008）介绍了三种较普遍的自助服务技术，即自助售货机、自助服务终端和网络应用程序。Ong（2010）将酒店业的自助服务技术分为三类，即自助服务终端、基于互联网的自助服务和移动商务。根据以上这些分类，本研究将酒店业中的自助服务技术按照五种界面（互动终端、电话/互动语音、智能手机/平板电脑/计算机网站、智能手机/平板电脑应用程序和人工智能机器人）和酒店服务过程的三个阶段（入住/退房、客房和餐厅）进行分类。这些酒店业应用自助服务技术的例子来源于现有文献、行业新闻、酒店网站、酒店移动应用程序和应用商店（Ba et al.，2010；Bateson，1985；Beatson et al.，2006；Curran et al.，2005；Hanks et al.，2016；Kasavana，2008；Lu et al.，2009；Meuter et al.，2005；Oh et al.，2013；Ong，2010；Wei et al.，2016；Wünderlich et al.，2013）。如表2-2所示，列代表各类自助服务技术界面，行表示酒店的服务阶段。其中，基于自助服务技术的服务可能被归类为两个或更多个类别（Zhu et al.，2007）。此外，酒店配备了多样化的自助服务技术，一项任务可以通过两个或多个自助服务技术协作完成，引入不同的自助服务技术可以在提高利润的同时降低企业的运营成本（Kasavana，2008）。因此，不同于之前的研究仅关注单一类型的自助服务技术（Fan et al.，2016；Kokkinou et al.，2015），本研究探索了不同类型的自助服务技术。总的来说，本研究关注不同类型的非接触式服务，回应了Wei等（2016）对多类型自助服务技术开展研究的倡导。

表2-2　酒店智能化自助服务技术分类和实例

界面	酒店服务过程		
	入住/退房	客房	餐厅
互动终端	自助取款机(ATM)； VR选房； 自助入住/退房终端(如人脸识别入住终端)	智能音箱(如天猫精灵)； 数字标牌	自助终端(如自助食品和饮料售卖机、充电亭等)； 自助点餐终端； 自助付费终端(借记卡/信用卡扫描设备)； 自助点餐触摸屏
电话/互动语音	自助退房(如通过电视退房)	自助留言服务	自助留言服务
智能手机/平板电脑/计算机网站	网上入住/退房； 账户信息； 在线支付	在线采购； 在线订购； 自动打扫房间服务	
智能手机/平板电脑应用程序	智能手机/平板电脑登记入住/退房； 移动支付(如支付宝、微信支付)； 在线选房	客房服务自助预订系统； 移动支付(如支付宝、微信支付)； 自助点餐和支付系统	移动支付(如支付宝、微信支付)； 基于应用程序的自助预订系统； 自助点餐和支付系统(如自助点餐触摸屏或平板电脑菜单)

续表

界面	酒店服务过程		
	入住/退房	客房	餐厅
人工智能机器人	智能礼宾机器人	通过机器人提供服务设施； 通过机器人打扫房间	通过机器人递送食品和饮料

本研究侧重于21世纪引入的智能化新技术，包括整个酒店服务过程（从入住到退房）中使用的自助服务技术。更具体地说，本研究侧重于智能化自助服务技术，如移动登记入住/退房系统、自助客房服务系统、酒店自助点餐触摸屏、智能音箱和机器人等（见表2-2）。这弥补了针对线下酒店业智能化新技术实证研究的不足（Kaushik et al.，2015）。

3. 自助服务技术在酒店业中的作用

随着自助服务技术日益普及，已经有许多研究探索了自助服务技术的表现，涉及消费者承诺（Beatson et al.，2006；Pamda et al.，2011；Wei et al.，2016）、消费者体验（Kelly et al.，2017；Meuter et al.，2003；Wei et al.，2017）、消费者满意度（Beatson et al.，2006；Buell et al.，2010；Dabholkar et al.，2012；Meuter et al.，2000；Wittmer，2011）、消费者评价（Giebelhausen et al.，2014）、消费者关系（Salomann et al.，2006）、消费者忠诚度（Selnes et al.，2001）、消费者的捐赠行为（Hanks et al.，2016）、运营（Kincaid et al.，2006）、服务质量（Considine et al.，2016；Sousa et al.，2006）、服务补救（Mattila et al.，2011）、减少等待时间（Kokkinou et al.，2013；Wittmer，2011）、绩效（Melián-González et al.，2016）、豪华酒店品牌的消费者选择（Kucukusta et al.，2014）、口碑意向（Meuter et al.，2003）、再次使用意愿（Buell et al.，2010）、归因（Dabholkar et al.，2012；Meuter et al.，2003）以及消费者愉悦（Collier et al.，2015）等。这些由自助服务技术所产生的影响在零售业（Collier et al.，2015）、银行业（Buell et al.，2010；Selnes et al.，2001）、航空业（Mattila et al.，2011；Wittmer，2011）等不同领域得到了验证。只有少数研究是在酒店业进行的（见表2-3），这表明酒店业的自助服务技术还需要进一步探索。

表 2-3　现有关于酒店业自助服务技术的研究

作者（年份）	研究背景	自助服务技术的种类	研究重心	主要发现
Beatson 等（2006）	澳大利亚；酒店	各种自助服务技术	总体满意度；承诺	总体满意度、情感承诺和时间承诺受人工服务属性的影响； 总体满意度和承诺受自助服务技术属性的影响；
Kokkinou 和 Cranage（2013）	美国；酒店	自助服务终端	减少等待时间	等待时间和服务水平受以下因素影响： 客户需求； 可用的服务人员； 自助服务终端的处理速度； 自助服务终端的故障率
Kucukusta 等（2014）	中国香港；豪华酒店	各种自助服务技术	应用自助服务技术的豪华酒店品牌选择	自助服务技术的创新扩散因素包括：相对优势、易用性、可传播性、首次试用、心理风险、产品效率、产品真实性和产品风险； 商务旅客对豪华酒店品牌的选择受相对优势和感知易用性的影响； 商务旅客对这些因素的看法因性别、年龄、教育程度和国籍而异
Melián-González 和 Bulchand-Gidumal（2016）	酒店	包括自助服务技术的信息技术	酒店绩效	构建了一个可以将信息技术与酒店绩效联系起来的模型； 该模型认为使用自助服务技术可以减少排队现象，避免负面影响
Panda 等（2011）	印度；酒店	基于技术的自助服务（technology-based self-service，TBSS）	总体满意度；承诺	总体满意度受人工服务绩效的影响，而受基于技术的自助服务性能的影响不大； 情感承诺和时间承诺正向影响总体满意度

续表

作者（年份）	研究背景	自助服务技术的种类	研究重心	主要发现
Wei等（2016）	酒店；餐厅	各种自助服务技术	承诺	情感承诺和时间承诺受客户体验外在属性（extrinsic attributes）的影响，超然消费体验起到部分中介作用； 情感承诺受消费者体验内在属性（intrinsic attributes）的负向影响，超然消费体验起到部分中介作用； 超然消费体验在外在属性对工具承诺的影响以及内在属性对工具承诺和时间承诺的影响中起到完全中介作用
Giebelhausen等（2014）	北美；酒店；餐厅	自助入住/退房终端；借记卡/信用卡扫描设备	评价	当服务人员关系融洽（不融洽）时，自助服务技术的使用会提高（降低）消费者的服务评价； 这种影响受到心理不适的影响

具体而言，在消费者承诺方面，Beatson等（2006）发现自助服务技术的性能与消费者承诺之间存在显著关系。十年后，Wei等（2016）验证了在酒店环境中自助服务技术体验对消费者忠诚度的影响中，超然消费体验（transcendent consumer experience，TCE）起到了中介作用。超然消费体验源自Schouten等（2007）的研究，其表现为在消费过程中"感受到自我转变或醒悟、与世俗的分离，以及与自我之外更大现象的联系（feelings such as self-transformation or awakening，separation from the mundane，and connectedness to larger phenomena outside the self）"。

由于满意度会影响消费者的留存率和利润，因此在实践中，了解消费者满意/不满意的前因有利于促进消费者与企业之间的关系（Meuter et al.，2000）。消费者满意度受互动方式的影响，不同服务渠道（如邮件、电话）的组合能够最大程度地满足消费者的需求。值得注意的是，有研究表明，自助服务技术的使用会影响企业绩效，并通过减少排队和避免负面关系影响消费者满意度（Melián-González et al.，2016）。随着服务参与度的提高和互动渠道的变化，消费者活动水平成为服务质量和消费者满意度的主要驱动因素之一，因此探讨自助服务对服务质量和消费者满意度的影响是很有意义的（Wünderlich et al.，2013）。Meuter等（2000）的研究迈出了探究消费者如何感受和使用自助服务技术的第一步，该研究探讨了市场上各种自助服务技术的消费者体验，并根据800起消费者关键事件，重点研究了导致消费者对自助服务技术体验满意/不满意的因素。消费者对自助服务技术体验满意的因素包括满足了更强烈的需求、优于人工服务的服务交付以及任务完成（did its job）。导致消费者对自助服务技术的服务体验不满意的因素有技术失败、流程失败、设计不佳和自身操作导致的失败，同时还有其他尚未被探索的因素亟待研究。此外，当前的研究尚未从服务人员的角度揭示自助服务技术体验满意/不满意的前因。

就总体满意度而言，Beatson等（2006）和Panda等（2011）的研究结果并不一致。Beatson等（2006）研究发现总体满意度受自助服务技术性能的显著影响，而Panda等（2011）却并未发现自助服务技术性能与总体满意度之间的显著关系。这种不一致可能是源于二者的研究背景不同（澳大利亚的酒店与印度的酒店）。

关于自助服务技术在服务质量中的作用，Dabholkar（1996）提出并证实了基于技术的自助服务的两个服务质量模型，即属性模型（attribute model）和整体模型（overall affect model）。后来，Lin和Hsieh（2011）开发了一种新的七维测量方法（SSTQUAL）来评估自助服务技术的服务质量，包括功能性（functionality）、愉悦度（enjoyment）、安全性/隐私性（security/privacy）、保证性（assurance）、设计性（design）、便利性（convenience）和客制化（customization）。自助服务技术给参与度高的消费者留下了深刻印象，因为它们允许消费者控制和调整整个服务过程（Lin et al.，2011）。Melián-González和Bulchand-Gidumal（2016）在信息技术与酒店绩效的关联模型中，指出应从减少排队和避免负面关系两方面评估自助服务技术的使用情况。Lee和Yang（2013）借鉴Dabholkar等的研究成果，提出了互动服务质量的两个概念，即人工服务质量和自助服务技术的服务质量。基于此，他们证明了零售消费者购买意愿对于人工服务和自助服务技术这两种服务的质量的显著重要性，以及个体特征（如技术焦虑、互动需求和年龄）在其中的调节作用。

还有一些学者聚焦于某一特定影响。Kucukusta等（2014）探究了自助服务技术的创新扩散因素对商务旅行者选择豪华酒店品牌的影响。Kokkinou和Cranage（2013）探讨了自助服务技术对减少消费者等待时间的影响，结果表明，只有在特定的需求和性能条件下，自助服务终端才能在减少等待时间方面发挥重要作用。Hanks等（2016）的研究表明，自助服务技术会削弱消费者捐赠的可能性。Giebelhausen等（2014）的研究则表明，当服务人员参与（不参与）建立融洽关系时，自助服务技术的使用会提高（降低）消费者的服务评价。Collier和Barnes（2015）重点研究了自助酸奶带来的自助服务愉悦感，指出使用自助酸奶带来的乐趣是消费者获得愉悦感的重要因素。Collier和Barnes（2015）证实，在享乐型自助服务过程中，享乐型自助服务过程体验带来的乐趣对消费者满意度的影响超过了其对效率的影响。他们的研究促使学者们将注意力集中在最大限度地提高自助服务体验的享乐性和趣味性方面。

此外，现有研究还探讨了影响自助服务性能的因素。例如，Zhu等（2007）基于资源匹配理论、技术服务和自助服务等概念，研究并证实了设计特征（比较信息和互动性）对自助服务有效性的影响，以及用户特征变量（先前体验和技术准备程度）的调节作用。有关消费者和酒店管理者的自助服务技术采用的研究将会在本章的第五节进行讨论。

第二节　酒店服务过程划分

为了提高对酒店绩效和整个服务过程的理解，服务过程（service delivery process）通常被划分为不同的服务接触（service encounters）（Yang，2008）。服务接触被认为是“消费者直接与服务交互的一段时间（a period during which a consumer directly interacts with a service）”（Shostack，1985）。在酒店领域，Yang（2008）将消费者与服务人员之间的服务接触定义为“服务产品从服务人员交付给消费者时的沟通过程（the communication process when the service product is delivered from the employee to the customer）”。服务接触经常发生服务人员和消费者之间（Giebelhausen et al.，2014；Meuter et al.，2000；Price et al.，1995）。长久以来，消费者和服务

人员之间的人际互动备受业界和学术界重视（Meuter et al.，2005；Solomon et al.，1985）。

然而，随着智能化新技术的发展，传统的服务接触发生了变化。例如，在使用自助入住终端时，服务人员和消费者之间的人际互动变成了消费者和机器之间的互动（Kaushik et al.，2015）。这种新的服务接触被Larivière等（2017）描述为“服务接触2.0（service encounter 2.0）”，它指的是由科技、人、环境和过程共同构成的消费者-服务商互动。Larivière等（2017）还指出，人工服务可以被技术取代或增强。

如表2-4所示，先前的研究通常将酒店服务过程划分为五至六种服务接触。

表2-4　酒店服务过程

作者(年份)	酒店服务过程
Bitran和Lojo(1993)	访问,登记入住,服务提供,退房,追踪
Danaher和Mattsson(1994)	登记入住,客房,餐厅,早餐,退房
Yung和Chan(2002)	登记入住,客房,餐厅,商务中心,退房
Kattara和El-Said(2013)	客房预订,登记入住,客房服务预订,信息获取,餐厅服务预订,投诉,叫醒,退房,追踪

据此，本研究将酒店服务过程分为四个阶段，即入住、客房、餐厅和退房。本研究从两个维度对酒店业的服务接触进行了界定（见表2-5）。第一个维度是服务渠道，包括自助服务和人工服务。第二个维度是酒店服务过程。

表2-5　服务接触分类表

服务渠道	酒店服务过程			
	入住	客房	餐厅	退房
自助服务				
人工服务				

服务接触的质量对整体服务质量起着至关重要的作用（Lewis et al.，1990）。Bitran和Lojo（1993）指出，服务过程中任何一个阶段的缺陷都可能导致整个服务过程的质量较低。此外，Danaher和Mattsson（1994）提出并证明了分段式服务对总体满意度的不同影响。他们通过定量方法，证明

早餐和客房对总体满意度的影响最大。

服务渠道在管理服务接触方面也发挥着至关重要的作用（Lewis et al.，1990）。在服务人员与消费者的服务接触过程中，服务人员影响效率、消费者评价、满意度和归因等（Lewis et al.，1990；Yang，2008）。关于信息技术对酒店业服务质量的影响，Kim和Ham（2006）通过定量研究证明，前台办公应用程序、餐厅和宴会管理系统以及宾客服务界面应用程序对酒店业的服务质量有积极的促进作用。

服务人员通常采用多种渠道与消费者进行联系（Lin et al.，2011；Sousa et al.，2006；Van den Boer et al.，2016）。类似地，消费者也通常采用两种以上的渠道与服务人员进行互动（Pieterson et al.，2008；Pieterson et al.，2007）。Eriksson和Nilsson（2007）指出，应该在多服务渠道环境中探究自助服务技术，因为消费者不会将其与其他服务渠道分离开来。服务过程中，消费者会根据不同的服务场景选择不同的服务渠道（Buell et al.，2010；Reddick et al.，2012）。服务接触的种类也会影响消费者的服务渠道选择（Lu et al.，2011）。消费者对不同服务渠道的满意度各不相同，这进一步影响消费者忠诚度（Buell et al.，2010）。

综上，为弥补当前酒店业自助服务技术的相关研究大多未考虑其他服务渠道，且通常将服务过程作为一个整体或只关注某一特定服务接触场景的不足，本研究将其他服务渠道纳入考虑，探讨消费者和酒店管理者在酒店服务提供过程中的偏好构建。

第三节　消费者体验

一、消费者体验的定义

表2-6列出了几种消费者体验的定义，其中大多数都强调消费者与服务人员之间的互动。在服务行业，消费者体验主要是指消费者与一线服务人员的互动。Sousa和Voss（2006）发现，消费者体验是消费者通过特定方式与企业互动的每时每刻产生的。对体验的研究，通常是从消费者或用户的

角度进行，一般被称为消费者体验。即使在同一领域中，体验也可能被从不同的角度定义，更不用说在不同的行业中了。例如，在旅游领域，Cohen（1979）提出了游客体验的五种模式，即娱乐模式（recreational mode）、转移注意力模式（diversionary mode）、体验模式（experiential mode）、实验模式（experimental mode）和存在模式（existential mode）。Wang等（2014）则从活动和情感两个维度来定义游客体验。Wei等（2016）从外在和内在两个维度界定了在酒店环境中使用自助服务技术的消费者体验。

表2-6　消费者体验的定义

作者(年份)	定义
Holbrook和Hirschman(1982)	一种具有各种象征意义、愉悦反应和审美标准的主观意识状态(a primarily subjective state of consciousness with a variety of symbolic meanings, hedonic responses and aesthetic criteria)
Otto 和 Ritchie (1996)	参与者的主观精神状态(the subjective mental state felt by participants)
Pine和Gilmore (1998)	经济学家通常把体验与服务混为一谈，但体验是一种独特的经济产品，与服务不同，就像服务与有形商品不同一样(economists have typically lumped experiences in with services, but experiences are a distinct economic offering, as different from services as services are from goods)
Schmitt(1999)	接触、经历或经历情境的结果(a result of encountering, undergoing, or living through situation)

体验被视为经济、竞争优势、服务评价、消费者对品牌的态度以及消费者满意度的基础（Grace et al.，2004；Yang，2008）。自从1998年Pine和Gilmore提出“体验经济（experience economy）”这一概念以来，学界和业界都非常重视体验。尽管企业很难在激烈的市场竞争中提供与众不同的产品，但管理不同类型的体验（娱乐、逃避现实、审美和教育）可能有助于企业提供卓越的产品（Gilmore et al.，2002；Pine et al.，1998）。由此，“体验营销（experience marketing）”应运而生。有别于传统营销，体验营销强调消费者体验，将消费视为一种整体体验，承认其功能和情感价值，并采用多种方法为消费者提供体验（Schmitt，1999）。体验管理绝不仅仅是提供娱乐或发挥创造力，还强调提供功能和情感价值。因此，消费者体验管理非常重要（Xu，2010）。

酒店业也不例外。无论是消费者体验对消费者满意度的重要影响，还是部分服务人员的冷漠和缺乏人性化关怀的服务，都激励和推动酒店重视消费者体验（McIntosh et al.，2005）。先前的研究发现，消费者在选择酒店时受到餐厅、停车场、精简的内部装饰和外部美观性的影响（Saleh et al.，1992）。与先前的研究不同，Zins（1998）指出在预测消费者行为方面，心理价值比人口统计学和社会经济学方面的因素更胜一筹。基于此，Zins（1998）还根据心理学概念构建了一个主题酒店选择模型（包括价值观、生活方式、度假方式和福利等）。

要想在体验营销中取得成功，企业必须了解是什么创造了独特而有意义的体验（Kucukusta et al.，2014）。现有文献发现了一系列影响消费者体验的因素，包括环境氛围、物理设施、社交变量、享乐性或其它心理状态方面的因素、服务接触、个人和情境特征、核心服务、服务交付（如服务过程的价格透明度）、保护和节约资源的能力、服务场景以及消费者参与度等（Grace et al.，2004；Holbrook et al.，1982;Yang，2008）。随着技术的发展，自助服务技术被视为提高消费者体验的一种方式，然而其对消费者体验的影响程度仍不清晰（Hanks et al.，2016）。酒店面临的关键问题是如何更好地利用自助服务技术以提供更好的体验，而非是否采用自助服务技术（Wei et al.，2017）。鉴于消费者可能并不完全了解每种自助服务技术的有用性和重要性（Kaushik et al.，2017；Rosenbaum et al.，2015），因此有必要探究自助服务技术实际能够为消费者提供的可能性与消费者感知到的可能性之间的差异。也就是说，本研究旨在探究消费者感知到的体验和酒店管理者希望通过自助服务技术为消费者提供的体验之间是否存在差异。

二、酒店消费者体验的测量

尽管消费者体验的测量颇具挑战，但学术界已对此展开了一定研究。Holbrook（1994）基于三个维度（外在/内在价值、自我导向/他人导向价值和主动/被动价值）提出了服务消费体验价值的分类，即效率（产出/投入比或便利性）、卓越（质量）、娱乐（乐趣）、审美（美观）、道德（美德或道德行为）、自尊（声誉）和精神（信仰或迷狂）。Schmitt（1999）提出了一种体验网格，包括战略体验模块（strategic experiential modules，SEMs;包括感官、情感、思考、行动和自我）和体验媒介（experience providers，

ExPros；包括通信、身份、产品、品牌联合、环境、网站和人员）。此外，他还通过大量案例展示了管理者如何利用ExPros实现SEMs，以创造全面的体验。基于SEMs，Su（2011）考察并验证了消费者体验在服务创新与行为意向关系中的中介作用。不过，Su（2011）并没有说明他是如何开发消费者体验测量量表的。Mathwick等（2001）开发并测试了一种体验价值量表，用于测量体验价值并预测零售行业的购买偏好和意向。该量表包括美学（视觉吸引力和娱乐价值）、趣味性（逃避现实和内在享受）、消费者投资回报（效率和经济价值）以及优质服务等维度。

酒店领域的研究人员也很重视消费者体验（见表2-7）。例如，Otto和Ritchie（1996）发现了酒店服务的四个体验维度，即享乐、心情平静、参与和认可。Mattila（1999b）发现了商务旅客在评价豪华酒店服务时非常看重的四个维度，即成就感、尊重他人、自尊和满足感。McIntosh和Siggs（2005）揭示了精品民宿成功的五个体验维度，即独特性、个性化、家一般的感觉、品质和增值服务。Knutson等（2009）阐明了酒店消费者体验的四个维度，即效益、便利、激励和环境。

表2-7　酒店业中消费者体验的测量维度

作者（年份）	研究背景	受访者	研究重心	消费者体验的维度	发现
Otto和Ritchie（1996）	酒店；航空；旅游景点	加拿大讲英语的受访者	服务体验满意度	享乐； 心情平静； 参与； 认可	开发并验证了测量量表； 不同旅游板块的测量维度不同
Mattila（1999a）	豪华酒店	新加坡的亚洲和西方商务旅客	属性—结果—价值	属性：具体属性（位置、商务中心、信息、价格）； 抽象属性（知识渊博的员工、服务速度、舒适度、安静度、形象） 结果： 功能结果（交流、缩短时间、省事）； 心理结果（高效、放松、给他人留下深刻印象） 价值：终极价值观（成就感、自尊心）	亚洲和西方商务旅客对这些属性、结果和价值的重视程度不同

续表

作者（年份）	研究背景	受访者	研究重心	消费者体验的维度	发现
Mattila（1999b）	豪华酒店	新加坡的企业高管	功能性物理环境与个性化服务之间的平衡	价值列表（list of values，LOV）： 成就感、尊重他人、自尊、满足感、安全、温暖的人际关系、生活中的趣味和快乐、归属感、兴奋	舒适实用的空间的重要性超越了个性化服务； 成就感、尊重他人、自尊和满足感是商务旅行者日常生活中最看重的价值
Zins（2002）	旅游板块	奥地利的休闲游客	消费情绪、体验质量和满意度之间的关系	产品引发的情绪： 好心情、紧张、快乐、迟钝、活跃、害怕、专注、羞愧和惊讶； 对度假旅游体验的认知评价： 目的地氛围、基础设施、旅游相关基础设施和旅游服务	消极和积极的情感可以激发体验式消费情绪； 满意度与情绪有关； 体验评价对满意度的影响受情绪调节
McIntosh 和 Siggs（2005）	精品民宿	新西兰的房东和客人	体验的本质	独特性； 个性化； 家一般的感觉； 品质； 增值服务	揭示了五个体验维度； 这些维度对精品民宿的成功至关重要
Zhang 等（2008）	经济型酒店	中国经济型酒店的管理者	品牌体验设计的要素	主题和活动； 社交互动； 物理环境	通过定性研究提出了一个由三个体验维度组成的框架
Wu 和 Liang（2009）	豪华酒店的餐厅	中国台湾地区消费者	服务接触要素、体验价值与消费者满意度之间的关系	消费者投资回报； 优质服务； 美学； 逃避现实	服务接触要素（环境要素、与服务人员的互动、与其他消费者的互动）正向影响体验价值； 与服务人员的积极互动直接正向影响消费者满意度； 体验价值直接正向影响满意度

续表

作者（年份）	研究背景	受访者	研究重心	消费者体验的维度	发现
Knutson等（2009）	酒店	美国中西部的一家酒店和会议中心的客人	酒店入住体验指数	效益； 便利； 激励； 环境	开发并验证了酒店入住体验指数
Walls（2013）	酒店	美国酒店旅客	酒店消费者体验及其对消费者感知价值的影响	物质环境（设计、维护和气氛营造）； 人际互动（细心/关怀、专业、消费者之间的互动、可靠性）； 情感/认知价值（情感、认知和社交价值）	物理环境正向影响情感、认知和社会价值； 人际互动正向影响情感价值和认知价值

三、与服务人员进行接触的消费者体验

本研究从消费者与服务人员互动的角度探讨消费者体验，因为服务体验通常发生在服务人员与消费者的互动过程中（Giebelhausen et al.，2014；Price et al.，1995），而自助服务技术的引入主要改变了消费者与服务人员之间的互动方式。

服务人员与消费者之间的亲切互动是产生体验的关键因素（Xu，2010）。消费者与服务人员之间互动的过程和结果在消费者对服务质量、满意度和承诺的评价中发挥着重要而关键的作用（Bitner et al.，1990；Grönroos，1984；Ong，2010）。例如，消费者满意度经常受到消费者与服务人员之间互动质量的影响（Bitner et al.，1994）。这与 Solomon 等人（1985）的观点不谋而合，他们认为服务人员与消费者之间的双向互动是决定消费者对服务是否满意的关键因素。Mattila（2001）指出，忠诚的消费者更看重友谊和熟悉感，而不是餐厅的设备和氛围。此外，Bitner（1990）探讨并证实了在服务失败的情况下，服务人员的反应对消费者归因的影响。如果消费者对服务人员有负面印象，那么其他努力（如有形设施的设置）就可能失去意义（Solomon et al.，1985）。因此，精心挑选最优秀的服务人

员对于确保消费者满意度并最终确保企业的成功至关重要（Mohr et al.，1996），消费者满意度高度依赖于服务人员的表现（Price et al.，1995）。

四、与自助服务技术进行接触的消费者体验

随着技术的不断发展，传统的服务方式发生了革命性的变化。智能化新技术的出现改变了服务人员与消费者之间的密切互动在消费者体验中的决定性作用。除了可以促进消费者与服务人员之间交流的通信技术（如智能手机）外，还出现了通过强调消费者自助和减少服务人员的直接参与来提高效率的新技术（Cassab，2009）。Larivière 等（2017）使用“服务接触 2.0（service encounter 2.0）”来指代有技术参与的服务接触。

然而，现有研究主要关注的是旨在协助人与人之间互动的技术。相对而言，直接消除消费者与服务人员之间互动的自助服务技术被忽视（Kucukusta et al.，2014）。在服务行业，很多企业愿意通过整合自助服务技术来提高消费者体验，并将其视为控制成本和改善消费者体验的关键因素（Considine et al.，2016；Kasavana，2008；Wei et al.，2016）。

值得注意的是，一些人对在服务环境中引入自助服务技术持批判态度。例如，一些人认为自助服务技术所带来的便利性可能降低超然和难忘的体验（Wei et al.，2016）。消费者与服务人员之间缺乏互动，会导致消费者与服务人员的联系减少，消费者很可能忽视自助服务技术的有用性，并对整体服务质量产生截然不同的看法（Kaushik et al.，2015）。自助服务技术的出现使涉及在线旅游业务的企业陷入两难境地：如何在采用具有成本效益的自助服务的同时，维护密切的消费者关系。

此外，Meuter 等（2003）证实，技术焦虑会影响自助服务技术的使用体验。即使在满意的体验中，随着技术焦虑的增加，消费者对自助服务技术的满意度也会降低，消费者因此不太可能再次使用同一自助服务技术，也不会积极推荐它。相反，在不满意的体验中，技术焦虑与消费者体验之间没有显著关系，但随着技术焦虑的增加，口碑传播的可能性会降低（Meuter et al.，2003）。

这些有关自助服务技术对消费者体验的正向和负向影响的争议，意味着有必要全面深入探究消费者自助服务技术体验。Kelly 等（2017）采用定性方法，以航空公司乘客为对象，确定了消费者在与自助服务技术互动中

的六种角色，即便利寻求者、积极应用者、评判者、强制应用者、非熟练应用者和协助者。Wei等（2017）证明了自助服务属性对超然服务体验的显著影响，他们认为应从外在和内在两个角度研究消费者使用自助服务技术的实际体验。在他们看来，消费者使用自助服务技术的目的逐渐从获得功能价值转向获得体验价值（如独立性和愉悦感）。这些研究结果为从体验角度探究技术的必要性提供了有力支持。未来研究应将享乐因素纳入考虑范围，尤其是在酒店这种以享乐为驱动因素的环境中。Wang（2016）探讨了自助图书馆的消费者体验，并指出消费者本身、技术支持、环境条件和信息资源都会影响消费者体验。

尽管如此，很少有学者尝试在酒店领域探索消费者使用自助服务技术的体验。当前在酒店领域采用智能化自助服务技术（如移动登记入住）是一个较为新颖的现象（Kaushik et al.，2015；Kim et al.，2014；Kucukusta et al.，2014；Wei et al.，2016；Wei et al.，2017）。此外，缺乏聚焦于自助服务技术体验对酒店服务体验影响的实证研究（Wei et al.，2016，2017）。为了弥补这一研究空白，本研究试图从酒店管理者和消费者两个角度，进一步探究自助服务体验与人工服务体验。

五、消费者体验与创新

鉴于智能化新技术被视为一种创新（Naisbitt et al.，1999），而本研究的重点是智能化自助服务技术，有必要回顾消费者体验与创新的相关研究。

先前的研究从几个不同的维度探讨创新。Anning-Dorson（2017）从流程和产品两个方面对创新进行了研究。Foroudi等（2016）、Ngo和O′cass（2013）以及Silva等（2017）从技术创新能力和非技术创新能力两个方面对创新进行了探究。Krolikowski和Yuan（2017）从激励、强度、重要性和效率等多个属性对创新进行了评估。尽管研究角度各不同，但共识是创新在企业业绩中起着重要作用，并可以成为竞争优势（Victorino et al.，2005）。先前的研究表明，创新对消费者价值（Foroudi et al.，2016）、消费者参与度（Ngo et al.，2013）、超然服务体验（Wei et al.，2017）、消费者的酒店选择（Victorino et al.，2005）、消费者忠诚度与酒店声誉（Foroudi et al.，2016）、企业的经济绩效（Silva et al.，2017；Victorino et al.，2005）、战略出口绩效（Silva et al.，2017）都至关重要。例如，Victorino等（2005）的研究证实了三类服务创新（酒店类型创新、技术创新和客制化创新）都有助于消费者的酒店选择。此外，Anning-Dorson（2017）发现了创新在消费者参与能力和服务组织绩效之间的中介作用。然而，直接探讨创新与消费者体验之间关系的研究仍相对较少。Su（2011）的研究结果表明，服务创新会显著影响消费者的行为意向和消费者体验，而消费者体验又在服务创新和消费者行为意向之间起到中介作用。Wei等（2016，2017）建议自助服务技术开发者不断创新技术界面，从而为消费者提供超然体验。

六、人工服务的消费者体验与自助服务技术的消费者体验的对比

服务交付（service delivery）在服务商与消费者的互动中扮演着至关重要的角色（Chen et al.，2009）。在服务领域，Bitner等（1990，1994）分别从消费者和服务人员的角度揭示了影响消费者对服务人员满意/不满意的因素，Meuter等（2000）则揭示了影响消费者对自助服务技术满意/不满意的因素。然而，不同的服务方式往往同时并存（Van den Boer et al.，2016；Sous et al.，2006）。消费者是多渠道使用者（Pieterson et al.，2008），这意味着他们通常采用不同的服务渠道来接受服务（Pieterson et al.，2007）。因此，除了关注消费者对自助服务技术本身的使用意愿以外，还需要从多服务渠道的角度理解消费者偏好（Giebelhausen et al.，2014）。

如表2-8所示，在单一研究中探讨自助服务与人工服务的文献一般聚焦于：消费者偏好及其前因（Hou et al.，2021；Kattara et al.，2014；Kim et al.，2021）、消费者满意度和客户承诺（Beatson et al.，2006；Panda et al.，2011）、服务失败与补救（Dabholkar et al.，2012；Mattila et al.，2011；Zhu et al.，2013）和服务质量（Lee et al.，2013；Sousa et al.，2006）。然而，这一领域的研究仍相对较少，Wei等（2016）呼吁学界对人工服务与自助服务之间的相互影响展开进一步调查研究。因此，本研究将服务人员纳入研究范围，以深入探究自助服务技术的体验与应用。

表 2-8 在单一研究中探讨自助服务与人工服务的文献情况

研究主题	作者（年份）	研究背景	被调查者	服务方式	研究焦点	研究方法
消费者偏好与选择	Bateson（1985）	服务业	美国消费者	自助服务技术；人工服务	选择过程	混合研究
	Selnes 和 Hansen（2001）	银行	银行消费者	人工服务；自助电话；邮政付款；网络银行	社会联系；消费者忠诚度	定量研究
	Simon 和 Usunier（2007）	服务业	成年消费者	自助服务技术；人工服务	消费者偏好	定量研究
	Gelderman 等（2011）	机场	欧洲机场的乘客	自助值机终端；柜台	消费者选择	定量研究
	Lu 等（2011）	机场	美国、澳大利亚、韩国乘客	自助值机终端；柜台；线上值机	消费者选择	定量研究
	Wittmer（2011）	机场	苏黎世机场的乘客	网络自助值机；手机自助值机；自助值机终端；柜台	消费者接受度	定量研究
	Wang 等（2012）	零售业	澳大利亚超市里的消费者	自助结账终端；人工服务	消费者选择	定性研究
	Kattara 和 El-Said（2013）	酒店	埃及五星级酒店的消费者	自助服务技术；人工服务	消费者偏好	定量研究
	Kaushik 和 Rahman（2017）	酒店及度假村	印度国内游客	自助服务技术；人工服务	消费者选择	定量研究
	Liu 和 Hung（2020）	酒店	中国酒店消费者；中国酒店管理者	自助服务技术；人工服务	消费者偏好；管理者偏好	定量研究
	Kim 等（2021）	酒店	美国消费者	机器人；人工服务	消费者偏好；疫情的影响	定量研究

续表

研究主题	作者（年份）	研究背景	被调查者	服务方式	研究焦点	研究方法
消费者偏好与选择	Hou等（2021）	旅游业	Amazon Mechanical Turk 用户	机器人；人工服务	消费者偏好；社会拥挤的影响	定量研究
消费者满意度	Beatson等（2006）	酒店	澳大利亚游客	各种自助服务技术	整体满意度；消费者承诺	定量研究
	Buell等（2010）	银行	美国银行消费者	ATM；网络银行；电话银行；柜台	消费者满意度；重新光顾	定量研究
	Panda等（2011）	酒店	印度游客	自助服务技术	整体满意度；消费者承诺	定量研究
服务失败与补救	Mattila等（2011）	机场	美国大学职员	自助值机终端；柜台	服务失败；服务补救	定量研究
	Dabholkar和Spaid（2012）	服务业	美国大学生	工作招聘终端	服务失败；服务补救	定量研究
	Zhu等（2013）	租赁业、银行	美国消费者	自助租赁终端；ATM	服务补救预期	定量研究
	Fan等（2016）	机场	美国消费者	自助值机终端；柜台	服务失败；拟人化；转换意愿	定量研究
服务质量	Sousa和Voss（2006）	服务业	无	自动化虚拟通道；人工服务通道	服务质量	概念性研究
	Lee和Yang（2013）	零售业	使用自助结账终端的消费者	自助服务技术	互动服务质量；消费者惠顾	定量研究

第四节　人工服务与自助服务技术的争论

尽管智能化新技术应用日益增加，人工服务仍然扮演着至关重要的角色（Lee et al.，2013；Wittmer，2011）。Mäkinen（2016）的研究也指出，尽管大多数参与者更倾向于使用自助服务技术而非传统的人工服务，但后者被证实是消费者接受服务的最重要途径。管理者应充分利用智能化自助服务技术和高度人性化的人工服务以及它们潜在的协同效应（Oh et al.，2013；Salomann et al.，2006）。然而，在应用自助服务技术之前，无论是业界还是学术界尚未探究多服务渠道战略。在有限的研究中，Salomann等（2007）建议企业将自助服务技术视为人工服务的补充，而非替代品。他们提倡以亲和力和个性化为导向的自助服务，从而在与消费者的关系中实现高度科技化和高度人性化之间的平衡。这与Mäkinen（2016）的研究结果一致，他也认为自助服务技术应该是人工服务的额外选择而非替代品。然而，这些建议缺乏足够的实证支持，并且与其他有关研究相冲突。一些研究认为，高度科技化与高度人性化在资金、空间和能力上存在竞争，因此两者形成了对立。例如，Lewis和Entwistle（1990）指出，在某些情况下，减少消费者与服务人员之间面对面的互动，有可能提高效率和消费者满意度。总之，由于自助服务技术的独特性，消费者与智能化自助服务技术的互动需要进一步探讨。

一、越来越多的自动服务技术

以简化人类生活为目的的自动服务技术日益重要，并将在未来几年发挥更大作用（Ferrell et al.，2012）。智能化新技术可以为服务人员和消费者带来的一些好处，如提高效率（Wünderlich et al.，2013）。虚拟化、移动性和社交网络这三种技术可使消费者和企业双方都获益（Violino，2009）。对消费者而言，它们可以提供客制化服务；对企业而言，它们有助于降低成本和提高灵活性。例如，虚拟服务员是实体服务员的有效替代品，有助于降低成本和能源消耗（Violino，2009）。随着技术的发展和演变，特别是智能化新技术和自助服务技术的发展和演变，从业者和消费者越来越多地使用技术来提高体验。下文分别从酒店管理者和消费者的角度阐述人工服务向智能化新技术服务的转变。

1. 酒店管理者的角度

各行各业都在努力推进技术应用。线上系统使企业能够提供个性化的员工安排（Naisbitt，1984）；农业技术将农民从重复而繁重的体力劳动中解放出来；在医药领域，智能化新技术可以通过改善对消费者的服务和提高销售人员的适应能力，来提高药品销售业绩；在教育领域，教学者应用智能化新技术可提高学生对服务质量的可靠性和响应性的感知，但人性化（如共情力）有所降低（Anderson，1995）。

服务企业在智能化新技术领域投入了大量资金，因为企业对基于信息技术的智能化服务应用的选择会影响其竞争力（Ba et al.，2010）。智能化新技术的普及为服务营销、客制化和消费者关系管理（customer relationship management，CRM）带来了越来越多的机会。例如，社交媒体可以帮助企业识别潜在消费者，推送个性化信息，并通过其透明度增强消费者信任度。目前实践已证明，通过基于互联网的自助服务技术可以收集消费者的偏好，进而据此提供客制化服务（Meuter et al.，2000）。

智能化新技术的支持者认为，智能化新技术可以帮助服务商提供更多的客制化服务，并且比服务人员做得更好。在智能化新技术（尤其是自助服务技术）的帮助下，节省下来的劳动力可以用于帮助消费者解决技术无法解决的复杂问题。此外，他们认为，技术可以精确记忆数十亿以上的消费者信息，因此技术更容易准确、快速地识别消费者，让消费者感受到被重视。此外，技术能够记录消费者的行为，从而提供相应的个性化服务，因此技术也可以充当优秀的服务员和促销员。也就是说，通过自动提取消费者特征并与个性化服务相匹配，服务商可以凭借智能化新技术提供客制化服务（Voelker，2010）。实际上，从消费者的角度来看，客制化/标准化和可分离性/不可分离性可被用以划分自助服务技术，而客制化/标准化和人/物可被用以划分传统服务（Cunningham et al.，2009）。

在这一过程中，智能化新技术通过扩展消费者服务方式、改进服务渠道和提供新服务，改变了服务的性质，技术与消费者服务之间的界限逐渐消失（Kasavana，2008）。由于越来越多地引入和依赖智能化新技术，服务人员的工作在某些情况下被技术所取代（Ba et al.，2010）。作为一种服务模式和市场趋势，以智能化新技术为基础的自助服务正蓬勃发展，预计它将模仿或超越服务行业中的人工服务（Kasavana，2008；Meuter et al.，2000）。电子服务可以帮助服务商以更有效的方式提供令人满意的服务（Ba et al.，2010）。为了节约成本，提高效率、生产力、服务质量和消费者满意度，酒店管理者也不断投资智能化新技术，其中就包括以标准化或自动化为特点的自助服务技术（Kaushik et al.，2015；Kim et al.，2014；Ong，2010；Scherer et al.，2016）。自助服务技术的引入可以帮助酒店管理者解决不够可靠和多变的服务人员带来的问题（Wang et al.，2010）。酒店业开始尝试将人工服务转变为自助服务，将面对面的服务接触转变为面对技术设备屏幕的接触（Kasavana，2008）。服务业的需求波动往往较大，其高峰期的需求通常会超过接待能力（Lovelock，1983），而由于高昂的劳动力成本，酒店很难始终满足所有消费者的需求。如果引入自助服务技术，这个问题可能会得到解决。自助服务技术的显著竞争优势和可能性不容忽视（Kasavana，2008）。

2. 消费者的角度

与此同时，越来越多的消费者喜欢通过技术而非服务人员来完成服务（Meuter et al.，2000）。当消费者因令人失望的服务人员、长时间的排队和无法获得24小时全天服务而感到沮丧时，这些问题可以通过自助服务技术来解决（Kasavana，2008）。此外，智能化新技术还可以使消费者对服务的控制力增强（Ba et al.，2010）。由于能够提高送餐速度、降低成本、节省时间、增加灵活性和可达性，高效率也是技术带来的好处之一（Ba et al.，2010；Wünderlich et al.，2013）。随着智能化新技术的应用，消费者可以在更短的时间内，更便捷地完成各种任务（Naisbitt et al.，1999）。此外，消费者还可以通过智能家居自动化系统，根据个人喜好对房屋进行个性化定制（Ba et al.，2010；Naisbitt et al.，1999）。在某种程度上，技术越复杂、越高端，生活就越简单、越轻松（Naisbitt et al.，1999）。

二、高度人性化服务的同步发展

1. 酒店管理者的角度

首先，尽管经常强调自助服务技术所带来的积极作用，但它也会带来负面影响。例如，人工服务是与消费者建立和保持良好关系的重要方式，服务人员可以提供消费者所重视的响应速度、客制化服务、灵活性和由衷的快乐，而这些在消费者使用自助服务技术时可能无法感受到（Ba et al.，2010）。除了价格等一般在线信息外，服务人员还可以提供具体信息，以启发、引导和推荐消费者购物，并在互动过程中，通过普及知识和增强参与性的方式说服消费者购买他们原本可能忽略的商品。此外，缺乏人际互动可能会限制服务人员的服务补救能力，并引起服务人员对自助服务技术的反感（Kim et al.，2014；Oh et al.，2013；Selnes et al.，2001）。因此，如果消费者不接受自助服务技术，酒店管理者会犹豫是否采用自助服务，以免造成巨大的资源浪费（Curran et al.，2005；Oh et al.，2013）。

其次，尽管智能化自助服务技术很有用，但消费者往往渴望与服务人员进行互动和交流（Voelker，2010）。除了解决问题之外，消费者还需要情感上的支持。与消费者进行面对面的互动和交流，会让他们感受到被重视，这仍然是提高消费者满意度的重要因素（Voelker，2010）。

2. 消费者的角度

在消费者看来，自助服务技术也会带来负面影响。技术投资的大幅增加，会给消费者带来很多消极体验，如焦虑、沮丧、感知风险、对服务过程的影响减少、缺乏客制化服务、灵活性和由衷的快乐减少等（Ba et al.，2010；Parasuraman，2000；Schumann et al.，2012）。具体来说，由于自助服务是标准化和自动化的，消费者对服务过程的影响极为有限（Schumann et al.，2012）。同时，就像本应缓解交通拥堵的高速公路却吸引了更多车辆，从而导致了更严重的交通拥堵一样，为了便捷而引入技术可能会导致服务流程更加烦琐、复杂（Naisbitt，1984）。例如，随着智能化新技术在酒店中应用的增加，我们经常会听到消费者对自动窗帘的抱怨，因为它增加了消费者的学习成本，使简单的任务变得复杂。考虑到这些由智能化新技术带来的负面影响，一些人逐渐开始避免使用技术，高度人性化成为缓解高度科技化负面影响的解药，一些人开始远离技术，追求高度人性化。

在这种背景下，以人为本的服务理念得到了服务领域的广泛认可。随着科技不断渗透到人类社会，人们却更渴望与人相处（Naisbitt，1984）。Turkle（2011）提出的"群体性孤独（alone together）"似乎有助于解释人们的这种渴望。Turkle在一次会议上观察到，参会者虽然都齐聚现场，但更多时间都在独自处理个人事务，或者更确切地说，虽然这些人身处同一个地方，但精神和情感早已去向别处。在她的著作《群体性孤独：为什么我们对科技期待更多，对彼此却不能更亲密？》（*Alone together: Why we expect more from technology and less from each other*）中，探讨了科技如何将人们困在以机器为媒介的关系世界，替代面对面的交流，从而改变人类的生活，并试图弄清孤独与亲密之间的关系。她指出，技术改变了我们对关系、社会群体、隐私和亲密关系的理解，重新划分了亲密关系和孤独之间的界线。一方面，在使用自助服务技术时，人们尽管感到孤独，但却感受到了彼此间的联系，即在孤独中获得了新的亲密关系。另一方面，人们虽然彼此联系紧密，但却更加孤独。由于技术的出现，人们在亲密关系中，产生了新的孤独（Turkle，2011）。

三、关于酒店中自助服务技术与人工服务的争论

智能化新技术为服务人员和消费者双方都带来了一些好处（Wünderlich et al.，2013），如节省时间、提高服务质量、增加便利性和增强控制。讽刺的是，自助服务技术带来的结果并不总是一致的，甚至是相冲突的。

Ba等（2010）的研究发现由于缺乏与服务人员互动，自助服务技术可能导致灵活性降低，但这与Kim和Qu（2014）的研究发现相冲突，后者指出灵活性是自助服务技术带来的好处之一。在客制化方面，Meuter和Bitner（1998）认为客制化是自助服务的好处之一，但Ba等（2010）提到，基于智能化新技术的消费者服务会导致客制化服务丧失。Selnes和Hansen（2001）也指出自助服务技术可以降低服务质量偏差。Rosenbaum和Wong（2015）研究发现消费者在使用自助服务技术时可以获得乐趣和娱乐，而Ba等（2010）则批评了由于缺乏人工服务的响应而导致消费者由衷的快乐感降低。Parasuraman（2000）还发现消费者在处理基于智能化新技术的系统时

会产生越来越多的挫败感。先前的研究还指出，自助服务技术限制了服务补救工作，而酒店管理者则看重人工服务带来的愉悦感和响应性（Ba et al., 2010；Kim et al., 2014；Oh et al., 2013；Selnes et al., 2001）。在焦虑方面，自助服务技术降低了服务人员导致的焦虑，但却产生了新的技术焦虑。关于消费者体验，Considine和Cormican（2016）指出，自助服务技术被企业高度重视以提升消费者体验，而其他学者则对自助服务技术带来的负面体验表示担忧（Kim et al., 2014），并强调服务人员在客制化服务中的重要性（Gwinner et al., 2005；Zeithaml et al., 1987）。在消费者忠诚度方面，尽管一些酒店管理者期望使用自助服务技术来提高消费者忠诚度（Gwinner et al., 2005；Zeithaml et al., 1987），但事实上自助服务技术可能会降低消费者的忠诚度（Kaushik et al., 2015；Kim et al., 2014；Oh et al., 2013）。通过自助服务技术，服务商和服务人员均获得了对运营和服务渠道的更多控制权。与此相反，自助服务技术的批评者认为，自助服务技术使消费者对服务过程的影响变小，并且一些酒店管理者强调服务人员在服务交付过程中的作用。

从酒店管理者和消费者的角度理解这些相反的观点，对自助服务技术的成功应用起着至关重要的作用。

1. 酒店管理者角度

现有文献表明了高度人性化的必要性，以及在某些情况下高度人性化逐渐被高度科技化所取代的担忧。没有人的响应，技术可能会失败（Naisbitt, 1984）。如果不能平衡高度人性化和高度科技化，就会引起消费者的不满，技术投资的回报也会降低。一家企业的高科技产品如果没有个性化服务、附加价值或与消费者的持续互动，消费者就会转移到将高度人性化和高度科技化结合起来的竞争对手手中。Berry等（2010）指出，终止现场服务可能是不明智的，因为服务人员具有保持与消费者沟通的能力，并能将消费者引入其他服务方式（如网站），还能提高消费者的忠诚度。实际上，在产品设计领域，尤其是在消费产品设计领域，高度人性化的重要性已经得到确认和强调。在以业务为驱动的产品开发战略中，高度人性化是产品成功的关键因素（Lee et al., 1996）。与此同时，学术界认为高度人性化可能是当代和未来产品和服务的一个明显趋势（Lee et al., 1996）。然而，那些只专注于提供最高水平的人性化服务（如人工服务）而不关注智能化自助服务技术的企业，并不一定是最赚钱的企业；反之亦然，并非所有企业都能从智能化新技术（如智能化自助服务系统）中获益（Ba et al.，2010）。利润取决于高度科技化的自助服务和高度人性化的人工服务之间的成本分配（Ba et al.，2010）。

因此，一些学者认为应将高度科技化与高度人性化相结合，有效地提供客制化服务，以满足消费者的多样化需求。例如，Salomann 等（2007）指出，成功应用自助服务技术的关键在于企业能否处理好自助服务环境与消费者对高度人性化需求之间的平衡。Anderson（1995）指出，高度科技化服务所带来的效率的重要性不应超过服务交付过程中高度人性化服务的重要性。从业者应该有能力既从高度科技化中获利，又保留高度人性化互动带来的好处（Ferrell et al.，2012）。实际上，人们已经做出了一些努力，包括将高度科技化预测分析与高度人性化持续沟通相结合、将移动技术与消费者互动相结合、将高度人性化信息与高度科技化社交媒体相结合，以及将社交媒体融入直接营销中等（Ferrell et al.，2012；Naisbitt et al.，1999）。

高度科技化与高度人性化相结合似乎是未来趋势（Donneret al.，1997）。相反，Wang 等（2010）指出，同时追求标准化和客制化会降低消费者满意度，这与 Kokkinou 和 Cranage（2013）的研究一致，后者指出通过自助服务技术减少等待时间与客制化是相矛盾的。因此，高度科技化和高度人性化对于从业者来说既是机遇也是挑战（Ferrell et al.，2012）。酒店服务的高度科技化是一个非常复杂的问题，涉及酒店管理者、员工和消费者等多个利益体，以及高度科技化和高度人性化之间的相互作用和品牌定位。酒店管理者面临的最大的困难是如何将智能化新技术（如自助服务技术）转化为优势。因此，综合考虑智能化新技术在消费者体验中的作用以及不同酒店对它的评价是至关重要的。虽然高度科技化和高度人性化看似相互冲突，但二者对酒店业来说都是至关重要的。

2. 消费者的角度

与航空业等其他服务行业相比，自助服务技术在酒店领域是一种新现象（Kim et al.，2014）。虽然创新可以作为卖点吸引消费者，但并非所有消费者都接受基于智能化新技术的服务（Ba et al.，2010；Kaushik et al.，2015；Voelker，2010）。例如，老年人对酒店自助服务技术的接受度较低，即使他们不排斥智能化新技术，也会认为应该由酒店服务人员提供个性化的服务。相比之下，生活紧张、忙碌的年轻一代更重视效率，更容易接受自助服务技术。还有一个问题是，如果智能化新技术取代服务人员，成为服务交付的主要方式，消费者是否仍能获得独特的体验？自助服务技术在日常生活中的普及势必会削弱使用自助服务技术的独特性（Wei et al.，2016）。

此外，就算是在银行业，大部分消费者尽管会采用技术来解决问题，但他们并不希望将所有一切科技化（Donner et al.，1997）。消费者本身就很矛盾，因为他们不仅追求更多客制化和个性化的服务，还要求标准化和平等的待遇。毕马威的一项有关消费者的调查研究指出，人们既喜欢技术又害怕技术（Donner et al.，1997）。类似地，Naisbitt等（1999）指出美国已经进入了一个“科技沉醉阶段（technologically intoxicated zone）”，它的特征之一就是美国人对科技又喜爱又害怕。Parasuraman（2000）也曾证实人们对技术又爱又恨。

第五节　相关理论

一、技术采用的理论和概念

在现有文献中，关于自助服务技术采用的理论和概念有很多，包括理性行为理论（theory of reasoned action）、计划行为理论（theory of planned behavior）、技术接受模型（technology acceptance model）、技术准备（technology readiness）、创新扩散（diffusion of innovation）、资源匹配理论（resource-matching theory）、自我效能理论（self-efficacy theory）、任务—技术匹配理论（task-technology fit theory）、技术接受与使用统一理论（unified theory of acceptance and use of technology，UTAUT）、技术供给和限制理论（technology affordances and constraints theory，TACT），以及技术—组织—

环境框架（technology-organization-environment framework，TOE）等。这些理论和概念可以分为两类。

1. 第一类理论和概念

第一类包括理性行为理论、计划行为理论、资源匹配理论和自我效能理论，这些理论是为了解释人类行为而提出的，也被用以解释消费者的技术采用。

（1）理性行为理论。

理性行为理论由Fishbein和Ajzen于1975年提出，他们指出态度和主观规范决定了行为意向，从而进一步影响实际行为。随后，该理论被广泛应用于各个领域，用于理解和预测人类行为，包括技术采用。Sheppard、Hartwick和Warshaw（1988）证明了它的有效性和预测功能。然而，理性行为理论是一个通用模型，并非针对特定行为（Davis et al.，1989），因此有学者建议对原有的理性行为理论进行适当修改（Sheppard et al.，1988）。实际上，在理性行为理论的基础上，学术界针对特定行为开发了新的模型，如计划行为理论和技术接受模型。

（2）计划行为理论。

计划行为理论在理性行为理论的基础上，增加了感知行为控制作为影响行为意向的因素（Ajzen，1991；Ajzen et al.，1986）。Ajzen和Madden（1986）进行的两项实验证明，感知行为控制可以提高对行为意向的预测。Ajzen（1991）进一步指出，计划行为理论对于解决复杂问题、预测和理解特定环境中的特定社会行为非常有用。

（3）资源匹配理论。

资源匹配理论起源于广告界对信息影响力的描述和对有说服力的信息的设计（Anand et al.，1989）。根据Anand和Sternthal（1989）的观点，说服力取决于信息处理所需的认知资源是否与可用资源相匹配。如果可用资源太少，说服力就会受到限制；如果可用资源超过所需资源，说服力可能会因某种特殊关联而降低。相反，可用资源与认知资源之间的一致性会增强说服力。Zhu等（2007）利用该理论阐明了多种自助服务特征之间的相互作用，并深化了消费者对自助服务技术反应的理解。

（4）自我效能理论。

自我效能是社会认知理论（Locke，1997）的核心概念，涉及个人认知因素在社会认知理论中的功能（Maddux，1995）。自我效能最初由Bandura（1977）首次提出，他将自我效能作为分析恐惧和逃避行为转变的核心，并认为它是预测绩效的可靠指标。效能期望指的是“个体对自己能成功执行行为以产生结果的信念（the conviction that one can successfully execute the behavior required to produce the outcomes）”（Bandura，1997）。自我效能感被定义为“一种需要运用多个子技能以应对不断变化的环境的生成能力（a generative capability in which multiple subskills must be continuously improvised to manage ever-changing circumstances）”（Bandura et al.，1989）。Dabholkar和Bagozzi（2002）将其作为消费者特征引入，以研究其对基于技术的自助服务的调节作用。

2. 第二类理论和概念

第二类主要指专门为研究技术接受而建立的理论/模型/概念，包括技术接受模型、技术准备、创新扩散、任务-技术匹配理论、技术接受与使用统一理论、技术供给和限制理论，以及技术-组织-环境框架等。

（1）技术接受模型。

技术接受模型可用于解释和预测人们对某一技术的接受程度。Davis（1985）在理性行为理论的基础上提出了技术接受模型，以研究系统特征和功能对用户使用计算机信息系统的动机和实际使用的影响。最初，技术接受模型由感知有用性、感知易用性、态度和行为意向组成（Davis，1985）。后来，学者们不断引入新的变量，扩展了最初的技术接受模型。技术接受模型中不断增加的这些新变量有些源于现有的各种理论或概念，如技术准备、理性行为理论（如主观规范）和自我效能感等。基于技术接受模型或扩展的技术接受模型，大部分现有研究定量检验了消费者对自助服务技术的采纳行为意向（Curran et al.，2005；Kaushik et al.，2015；Kim et al.，2014；Lu et al.，2009；Oh et al.，2013）。对于研究者来说，理解与消费者对自助服务技术的采纳行为有关的因素（包括驱动因素和抑制因素）至关重要。

（2）技术准备。

技术准备是指“人们在家庭生活或工作中采纳和使用新技术来实现目标的倾向（people’s propensity to embrace and use new technologies for accomplishing goals in home life and at work）”（Parasuraman，2000），它由驱

动因素和抑制因素共同决定。Parasuraman（2000）与 Rockbridge Associates 合作开发了一个 4 个维度（36 个题项）的技术准备量表，包括驱动因素（乐观和创新）和抑制因素（不适和不安全感）。随后，Meuter 等（2005）将技术准备度定义为"一个普遍的个体差异概念，平衡了驱动因素（乐观和创新）和抑制因素（不适和不安全感）（a generalized individual difference concept that balances contributors [optimism and innovativeness] and inhibitors [discomfort and insecurity]）"，并将消费者准备定义为"消费者准备好并有可能首次使用创新产品的一种条件或状态（a condition or state in which a consumer is prepared and likely to use an innovation for the first time）"，包括角色清晰度、动机和能力。他们的研究重点是实际使用行为而非行为意向。具体而言，他们将消费者准备引入成熟的创新和采用模型中，以预测技术使用状况。有研究指出，消费者准备在个体差异和创新特征对使用行为的影响中起到中介作用，同时也是最佳的预测变量，其次是创新特征和个体差异（Meuter et al.，2005）。Rosenbaum 和 Wong（2015）根据 Parasuraman（2000）制定的技术准备量表将消费者分为两类：创新采用者和滞后者。他们发现除了技术准备外，趣味性和技术暂停（technological pause）也会影响自助服务技术采用。

（3）创新扩散理论。

Rogers（1995）提出了创新扩散理论。在他的研究中，创新扩散是指"创新通过一定方式在社会系统成员之间传播的过程（the process by which an innovation is communicated through certain channels over time among the members of a social system）"。创新-决策过程由一系列阶段组成：认知（knowledge）、说服（persuasion）、决定（decision）、实施（implementation）和确认（confirmation）。技术创新的特点决定了其采用率，包括相对优势（relative advantage）、兼容性（compatibility）、复杂性（complexity）、可试验性（trialability）和可观察性（observability）（Rogers，1995）。与技术准备不同，Rogers（1995）将采用者分为五类，即创新采用者（innovators）、早期采用者（early adopters）、早期大众采用者（early majority）、晚期大众采用者（late majority）和滞后者（laggards）。创新扩散理论得到了后续研究的验证和支持。例如，Dibra（2015）在回顾了现有的不同理论模型后，认为创新扩散理论在研究影响旅游企业采用可持续旅游实践的因素方面是一个适当的理论模型。创新扩散理论被广泛应用于不同的领域，创新的类型有很多，其中就包括智能化新技术。

（4）任务-技术匹配理论。

任务-技术匹配理论被定义为“技术协助个体完成其任务组合的程度（the degree to which a technology assists an individual in performing his or her portfolio of tasks）”，或者说，“任务要求、个人能力和技术功能之间的契合程度（the correspondence between task requirements，individual abilities，and the functionality of the technology）”（Goodhue et al.，1995）。任务-技术匹配理论是技术-绩效链模型（technology-to-performance chain model）的重要组成部分。技术-绩效链模型旨在探索信息技术与个人绩效之间的联系，如果技术与任务匹配良好，个人绩效就会提高（Goodhue et al.，1995）。除了有助于解释技术对个人的影响外，任务-技术匹配理论还与技术接受模型相结合，用以探讨技术采用（Yen et al.，2010）。现有研究已证明，任务-技术匹配是预测消费者是否愿意使用技术的重要指标。如果技术的功能与目标任务相匹配，那么技术采用的可能性就会提高。

（5）技术接受与使用统一理论。

Venkatesh等（2003）回顾了八个现有模型，通过讨论和比较它们的异同，提出了技术接受与使用统一理论。这八个模型分别是理性行为理论、计划行为理论、社会认知理论、动机模型、创新扩散、计算机使用模型（the model of PC utilization）、技术接受模型，以及技术接受模型与计划行为理论的整合模型。技术接受与使用统一理论（UTAUT）由行为意向的4个核心前因（表现期望、努力期望、社会影响和便利条件）以及4个调节变量（性别、年龄、经验和自愿使用）组成（Venkatesh et al.，2003）。此后，大量学者利用UTAUT研究技术（如机器人系统、自动反馈系统和移动支付）采用和创新扩散（Williams et al.，2015）。

（6）技术供给和限制理论。

受到Gestalt的启发，生态心理学领域的专家Gibson（1979）首次使用了“affordance”一词，作为其直接感知理论（theory of direct perception）（Gibson，1979）的一个组成部分。在Gibson看来，“供给”指的是环境为生物提供的活动机会，强调的是活动机会与生物之间的关系。感知“供给”就是感知一个人在面对特定环境条件时可以如何行动（Fajen et al.，2009）。

随着Norman（1988）的著作《设计心理学》（*The psychology of everyday things*）的出版，“供给”一词开始流行起来。除生态心理学外，“供给”理论还被进一步发展并应用于众多学科和领域，包括认知科学（Glenberg，1997）、设计（Norman，1988）、教育、体育（Fajen et al.，2009）、人机交互（Gaver，1991）、现象学、社会生活（Osmond，1957）和旅游业（Liu et al.，2020）等。Leonardi（2011）认为，感知供给会刺激服务人员改变常规做法。随后，Majchrzak和Markus（2012）提出了一个框架，即技术供给和限制理论，以探讨人们和企业的信息系统使用。正如他们所说，技术供给和限制理论有助于解释人类和组织的技术使用行为，并定义人与技术之间的契合度。

（7）技术-组织-环境框架。

技术-组织-环境（TOE）框架最早由Tornatzky和Fleischer于1990年提出。作为一种组织层面的理论，该框架认为技术、组织和环境因素都会影响组织的技术采用（Baker，2011；Kurnia et al.，2015）。技术因素指的是技术的可用性及属性，如技术的复杂性（Kurnia et al.，2015）；组织因素包括组织的特征和资源，如管理结构（Baker，2011；Teo et al.，2009）；环境因素包括行业特征、市场结构、基础配套设施和政府法规等（Baker，2011；Kurnia et al.，2015）。这些决定因素并非一成不变，相反，学者们认为不同的技术或环境都可能产生独特的决定因素（Baker，2011；Teo et al.，2009）。跨行业和跨情境的研究多次证明了TOE框架在研究组织层次的技术采用方面具有普适性和有效性（Baker，2011；Hameed et al.，2012；Kurnia et al.，2015；Teo et al.，2009）。尽管具体的决定因素可能会不同，但技术、组织和环境“既是技术创新的使能因素，也是技术创新的抑能因素（both constraints and opportunities for technological innovation）”（Tornatzky et al.，1990）。TOE框架在组织的创新技术采用研究中很受欢迎，但很少被用于解释个人层面的技术采用。

简言之，尽管现有的理论基础提供了关于消费者采用智能化新技术的态度和采用行为意愿及其前因的相关知识，但仅仅关注技术采用行为的模型过于简单化，忽略了消费者往往是基于参照点做出评价的这一关键点，导致对技术采用行为的理解不够全面和深入。政府服务领域的研究已经证明有关自助服务技术的研究应该被置于多服务渠道环境中（Eriksson et al.，

2007)。因此，本研究将在酒店服务渠道多样化的环境中，探索酒店管理者和消费者对自助服务技术的偏好，而不是仅仅关注其对自助服务技术本身的使用意愿（Gelderman et al.，2011)。

二、影响技术采用的因素

本部分从酒店管理者和消费者的角度对技术采用的前因进行了总结和回顾。

1. 酒店管理者角度

消费者接受是管理者技术采用决策的基础（Hansen，1995；Sahadev et al.，2005；Wünderlich et al.，2013)。在Hansen的信息系统实施框架中，其中一项基本任务就是界定目标消费者，而目标消费者的技术采用受到消费者的人口统计学特征和个人特征的影响（Hansen，1995；Sahadev et al.，2005)。Anning-Dorson（2018）指出，消费者参与能力是服务创新的重要先决条件，有助于提高组织绩效。类似地，Krolikowski 和 Yuan（2017）认为服务企业创新（流程和产品）受到消费者集中度的积极影响，受到消费者议价能力的消极影响。

服务人员对企业的技术采用也非常重要（Hsieh，2016；Li et al.，2016；Rangus et al.，2017)。服务人员能否适应变化对于酒店部署有效的自助服务系统至关重要。因此，酒店管理者在采用自助服务时必须考虑服务人员的准备情况（employee readiness)。员工的创新行为是企业创新和成功的基础和根本（Li et al.，2016)。管理者应当重视员工在创新实施中的重要作用（Rangus et al.，2017)。在管理者看来，一线员工参与创新服务共创，有助于提升其对企业的归属感（包括动机、承诺和满意度等）(Hsieh，2016)。服务人员培训和授权显著影响了酒店的成功与发展（Yadegaridehkordi et al.，2018)。

除此之外，高层管理者的支持也发挥着重要作用（Leung et al.，2015；Racherla et al.，2008；Wang et al.，2016)。高层管理者的人口统计学特征（如年龄、教育水平和工作年限）和个人特征（如拥有信息技术管理知识）影响组织接受和应用技术（Zhang et al.，2009)。例如，Zhang 和 Dhaliwal（2009）研究发现，管理者的信息技术管理知识会对组织的技术采用产生积极影响。如果高层管理者缺乏专业技术知识，酒店就会倾向于不采用自助服务技术（Song et al.，2015）。

酒店特征（如酒店经营年限、酒店规模、连锁加盟、运营能力、酒店活动、酒店类型、细分市场、酒店等级和财务准备）也会影响酒店的技术采用（Leung et al.，2015；Sahadev et al.，2005；Siguaw et al.，2000；Victorino et al.，2005；Yadegaridehkordi et al.，2018）。组织特征是组织技术采用研究中常被提及的属性（Hameed et al.，2012）。例如，Wang等（2016）和Teo等（2009）分别指出，企业规模对组织采用移动预订系统和电子化采购有积极影响。Siguaw等（2000）进一步指出，一旦酒店规模达到一个特殊水平，其对技术的依赖程度就会降低。不同类型（全套房酒店、延时居住酒店/酒店式公寓、会展型酒店、会议型酒店、公寓、标准酒店、汽车旅馆和民宿）和按住宿价格进行市场细分（经济型、中档型、高档型和豪华型）的酒店在采用技术方面存在差异（Siguaw et al.，2000）。更具体地说，高等级酒店比低级酒店更有可能采用创新的信息和通信技术（information and communications technology，ICT）（Sahadev et al.，2005）。此外，据报道，美国餐馆采用自助服务技术的主要障碍是成本（Kasavana，2008）。这基本印证了投资回报率（return on investment，ROI）严重影响了技术在酒店业的应用的说法。此外，企业管理者认为强大的消费者数据收集能力和卓越的自助服务技术性能（如准确性和速度）是提高投资回报率、收入、生产力和增强竞争优势的关键（Kasavana，2008）。

此外，其他因素，如环境因素（如地理位置和来自竞争对手、合作伙伴和消费者的压力）（Leung et al.，2015；Sahadev et al.，2005；Yadegaridehkordi et al.，2018）、技术特征（如复杂性和预期收益与风险）（Leung et al.，2015；Wang et al.，2016）、服务/产品特征（如价格）（Hansen，1995）、采用技术的时间（Hansen，1995）以及开发和实施技术的方法（Hansen，1995）等也会影响企业对技术的采用。

国内的学者也开始关注企业信息化。刘英姿等（2004）将企业信息化的过程划分为四个阶段，即引入、内部集成、流程变革和战略变革。吴瑞鹏等（2004）通过对我国169家企业的调研将影响中国企业信息化的因素分为五大类，即企业整体支持、IT部门技术实力、企业信息化的实际推动力、外界环境稳定性和员工技术基础。徐峰（2012）基于TOE框架和UTAUT

的整合模型探讨了组织信息系统采纳。

尽管酒店对自助服务技术的应用受到各种因素的影响，但如果不考虑消费者的偏好，酒店对自助服务技术的投资可能会产生负面影响（Wei et al.，2016）。因此，酒店在服务过程中对自助服务技术的偏好与消费者偏好之间的差异值得探讨。

2. 消费者角度

基于以上理论或概念模型，大多数现有研究侧重于消费者自助服务技术采用和接受的前因（Shin et al.，2019）。例如，Dabholkar 和 Bagozzi（2002）重点研究了消费者特征和情境因素的调节作用。他们不仅探讨了不同消费者特征和情境因素的不同影响，而且将这些特征和因素分为两组：高组和低组。考虑到他们的受访者是商科专业的本科生，其普适性值得进一步探讨。Griffy-Brown 等（2008）以希尔顿酒店公司为例，补充和扩展了人们在酒店领域实施自助服务技术的知识。他们结合之前的失败经验，指出了弥补早期采用者和晚期大众采用者（late majority）之间差距的好处，并发现消费者感知和实用性是制约采用自助服务终端的重要因素。Rosenbaum 和 Wong（2015）采用了另一种方法来研究消费者对自助服务的态度，他们探讨了中国澳门某酒店的消费者不接受自助服务技术的原因。现有的这些研究大多侧重于对行为意向和态度的探讨（Curran et al.，2005；Curran et al.，2003；Kaushik et al.，2015；Kim et al.，2014；Lu et al.，2009）。行为意向代表采用自助服务技术的可能性（Oh et al.，2013），并且与实际行为呈正相关（Lee et al.，2013）。态度是指消费者根据评价对自助服务技术的心理倾向或反应（Curran et al.，2005；Kaushik et al.，2015；Lu et al.，2009）。态度对行为意向的影响已在之前的研究中通过定量方法得到证实（Kaushik et al.，2015；Kim et al.，2014；Lu et al.，2009）。

回顾现有英文文献，我们可以发现影响消费者态度及其技术采用行为意向的因素主要有四大类（见图 2-1）：技术特征（如感知有用性）、个体差异特征（如年龄）、情境因素（如环境拥挤程度）和任务特征（Shin et al.，2019；韦斐琼等，2016）。

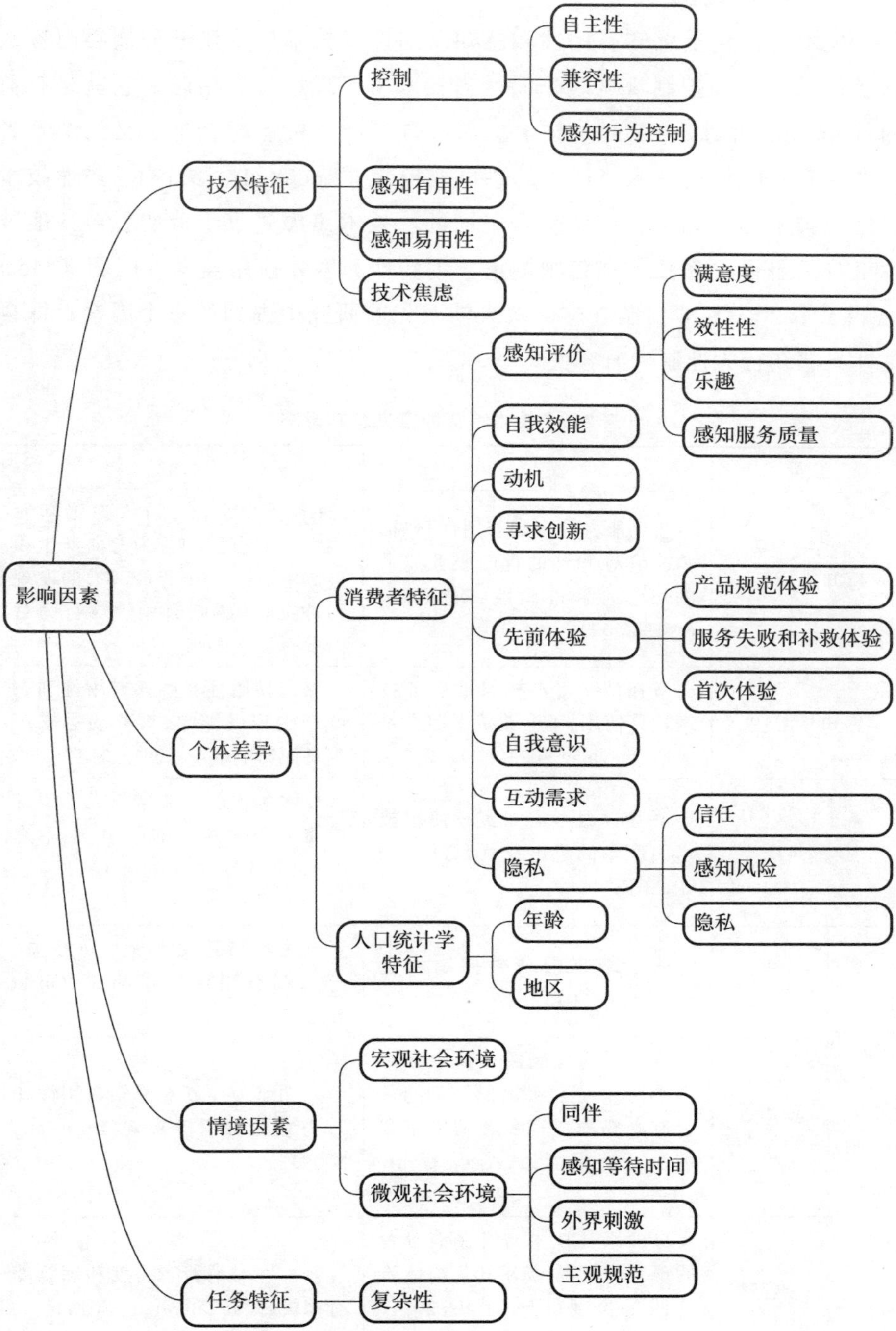

图 2-1　影响自助服务技术采用的四类因素

（1）技术特征。

技术特征包括感知有用性和感知易用性（技术接受模型的核心内容），以及技术焦虑和控制（见表2-9）。当技术易于理解且有用时，它就是有益的（Naisbitt et al.，1999）。技术焦虑源自于计算机焦虑，可定义为消费者在考虑和实际使用技术时产生的恐惧或担忧（Lee et al.，2013）。虽然技术焦虑与技术准备相关，但两者是不同的。技术焦虑侧重于消费者对一般技术工具的恐惧，而技术准备则侧重于创新性和率先使用技术等问题（Meuter et al.，2003）。"控制"这一概念涉及先前研究中提到的三个因素，即自主性、感知行为控制和兼容性。

表2-9　技术特征的定义及其影响

变量		定义	影响
感知有用性		自助服务技术的有用性，包括消费者感知到的自助服务技术的可靠性和准确性（Dabholkar et al.，2002）	Kaushik等（2015）认为感知有用性会对态度和行为意向产生积极影响，这与Lu等（2009）的发现相冲突，即感知有用性对行为意向没有显著影响
感知易用性		潜在消费者期望自助服务技术较易使用，不会花费太多学习成本（Davis et al.，1989）	感知易用性对感知有用性和态度产生积极影响，对互动需求产生负面影响（Oh et al.，2013）
技术焦虑		消费者因考虑和实际使用技术而产生的恐惧或忧虑（Lee et al.，2013）	技术焦虑能显著增强人工服务质量对行为意向的影响，但不影响自助服务技术的使用（Lee et al.，2013）
控制	自主性	获取结果的理想控制程度（Oh et al.，2013）	自主性与互动需求呈负相关，与感知有用性呈正相关（Oh et al.，2013）
	感知行为控制	感知行为控制源于计划行为理论，指的是消费者感知到的是否有必要消耗资源和利用机会去执行特定行为（Ajzen et al.，1986）	感知行为控制对感知易用性和行为意向有积极影响（Lu et al.，2009）
	兼容性	自助服务技术与潜在消费者的现有价值观、需求和先前体验的匹配程度（Kim et al.，2014；Rogers，1995）	兼容性对消费者态度和满意度有积极影响（Kim et al.，2014）

（2）个体差异。

个体差异会影响自助服务技术的引进和采用（Kaushik et al., 2015）。因此，在采用自助服务技术之前，酒店管理者应首先确定目标消费者的特征（Kim et al., 2014），因为他们面临的最大挑战不是管理技术，而是如何吸引消费者使用创新服务（Liao et al., 2008；Meuter et al., 2005；Wünderlich et al., 2013）。考虑到个体差异，一些消费者可能对高度科技化情有独钟，而另一些消费者可能更喜欢与服务人员进行高度人性化的互动（Ba et al., 2010）。事实证明，个体差异会对消费者使用自助服务技术产生影响（Bateson, 1985；Donner et al., 1997；Kim et al., 2014；Selnes et al., 2001；Voelker, 2010；Wünderlich et al., 2013）。这些特征可分为两类，即人口统计学特征和消费者特征。

在人口统计学特征方面，先前的研究报告指出，年龄和地区对技术采用具有影响。在年龄方面，研究表明年轻人比老年人更容易接受智能化新技术和使用自助服务技术。此外，农村居民更愿意将技术视为操作银行账户的简便方法（Donner et al., 1997）。

在现有研究中，消费者特征包括感知评价、自我效能、动机、寻求创新、先前体验、自我意识、互动需求和隐私（Curran et al., 2003；Dabholkar et al., 2002；Kasavana, 2008；Selnes et al., 2001；Voelker, 2010；Wünderlich et al., 2013）。感知评价由满意度、有效性、乐趣和感知服务质量组成。满意度代表消费者对自助服务的积极感受和看法（Kim et al., 2014）。有效性被视为通过防止过程中的错误和麻烦而达到最高满意度，这与互动需求呈正相关（Oh et al., 2013）。乐趣指的是享受。研究发现，如果消费者能感受到乐趣，他们就会参与使用自助服务终端，他们也更喜欢通过能带来金钱折扣的自助服务来获得快乐（Dabholkar et al., 2002）。感知服务质量反映了消费者感知到的自助服务技术的可靠性、准确性、流畅度、清晰度和性能良好程度，对消费者的态度有积极影响（Lu et al., 2009）。

在自助服务技术领域，自我效能被视为利用自助服务技术解决问题的能力，由消费者自己进行评估（Dabholkar et al., 2002）。高自我效能会对感知易用性与态度之间的关系产生负面影响，而对趣味性与态度之间的关系产生积极影响（Dabholkar et al., 2002）。

一方面，期望在假期中享受“技术暂停”的消费者会避免使用技术（Rosenbaum et al.，2015）；另一方面，消费者在某一特定领域因使用自助服务技术而获得的益处可能会对他们使用其他服务的行为产生影响（Bateson，1985；Kim et al.，2014）。因此，不同的动机对自助服务技术的采用有着不同的影响。此外，动机可分为内在动机和外在动机。内在新奇寻求（inherent novelty seeking）指的是对寻找新刺激的渴望（Dabholkar et al.，2002），可以增强感知易用性与态度之间的关系。

先前体验包括产品规范体验、服务失败和补救体验以及首次体验（Wang et al.，2012）。先前体验指的是对自助服务技术的熟悉程度。在其他领域（如航空自助值机柜台）使用过自助服务技术的消费者，可能会倾向于使用酒店自助服务终端并获得满足感（Bateson，1985；Kim et al.，2014；Wang et al.，2012）。Liao和Lu（2008）指出，从未使用过此类技术的消费者与曾经使用过此类技术的消费者采用该技术的前因有所不同。Wang等（2012）的研究结果指出，令人满意的首次体验会使消费者产生好感并提高自我效能，从而对今后使用自助服务技术产生积极影响；令人不满意的首次使用体验可能会使消费者产生消极态度并降低自我效能，在以后会避免使用自助服务技术。这与Kasavana（2008）的研究结果一致，Kasavana指出，在人工服务方面没有满意体验，或者有负面体验的消费者更愿意使用智能化新技术，如自助服务技术。相反，Kim等（2012）没有发现先前体验（是否使用过自助服务技术）与使用自助服务技术的可能性之间存在显著关系。值得注意的是，与自助服务技术特征和其他个体差异相比，先前体验对自助服务技术采用的影响更为复杂（Wang et al.，2012）。

自我意识指个人将自己视为一个社会客体，并将其他人对自己的看法考虑在内。自我意识可以通过消费者在其他消费者在场的情况下使用自助服务技术所产生的社会风险进行验证。高自我意识可以促进绩效与态度、趣味与态度、态度与行为意向之间的关系，同时会略微抑制感知易用性与态度之间的关系（Dabholkar et al.，2002）。

互动需求代表了服务人员与消费者之间的相互联系和沟通，可以理解为对人性化服务的需求和对互动的渴望（Curran et al.，2005）。值得注意的是，尽管Kaushik等（2015）以及Curran和Meuter（2005）的研究发现互动需求对消费者采用自助服务技术的态度没有显著影响，但Oh等（2013）

的研究表明，互动需求对感知有用性和行为意向有负面影响。Dabholkar和Bagozzi（2002）发现，高互动需求对感知有用性与态度之间的关系没有显著影响，但对感知易用性与态度、趣味性与态度、态度与行为意向之间的关系有积极作用。Lu等（2009）发现互动需求非但没有加强态度对行为意向的影响，反而对行为意向具有负面影响。Lee和Yang（2013）发现互动需求并没有显著增强人工服务质量对行为意向的影响，但却显著削弱了自助服务技术对意向的影响。由于互动需求所能解释的变量有限，Oh等（2013）建议探索其他潜在的以服务人员为导向的前因。

隐私这一维度包括信任和感知风险及其本身。隐私包括对他人在场及其信息的控制量，与信任和感知风险相关，并与感知有用性呈正相关（Oh et al.，2013）。信任来源于消费者感知到的某些信息，可用于解决安全和隐私问题（Kaushik et al.，2015），正向影响其态度和行为意向（Kaushik et al.，2015）。感知风险是指消费者对负面结果的主观态度，以及在追求理想结果时预期的潜在损失，对态度、满意度和行为意向产生负面影响（Curran et al.，2005；Kaushik et al.，2015；Kim et al.，2014；Lu et al.，2009）。

（3）情境因素。

情境因素在消费者使用自助服务技术的决策中占有重要地位（Collier et al.，2015）。先前的研究发现了消费者的同伴在消费者采用自助服务技术方面的作用（Wang et al.，2012）。与独自一人相比，有年轻子女陪伴的老年人更有可能采用自助服务技术，年轻人有可能受同伴的影响而采用自助服务技术（Wang et al.，2012）。感知等待时间也属于此类因素（Dabholkar et al.，2002；Wang et al.，2012）。消费者希望选择能节省时间的服务渠道，而这取决于排队长度和服务交付效率（Wang et al.，2012）。Oh等（2016）通过定量研究证明，人工服务的排队等待会对消费者使用自助服务技术的行为意向产生积极影响。Kokkinou和Cranage（2015）进一步指出，等待人工服务的消费者人数对行为意向产生积极影响，但等待使用自助服务技术的消费者人数会产生消极影响。这方面的学术研究仍然有限，亟待进一步探究。地点便利性、服务人员在场、对等待的容忍度和订单量都会对消费者产生影响，而订单量和服务人员在场会加强消费者感知到的时间压力（Collier et al.，2015）。

此外，服务人员的演示、其他消费者的采用和服务商对使用自助服务的奖励等积极影响消费者的感知有用性、感知易用性和感知行为控制（Lu et al.，2009）。

源于理性行为理论的主观规范反映了消费者感知到的社会压力。例如，他们的家人、朋友和其他人是否期望他们做出或不做出某种行为（如采用自助服务技术），以及他们是否愿意向家人、朋友和其他人的期望妥协（Fishbein et al.，1975；Kaushik et al.，2015；Lu et al.，2009）。Kaushik 等（2015）发现，主观规范对行为意向有积极影响。

（4）任务特征。

任务泛指“个人将投入转化为产出的行动（actions carried out by individuals in turning inputs into outputs）”（Goodhue et al.，1995）。技术采用和消费者体验受任务本身和消费者自我效能的影响。先前的研究表明，消费者对任务复杂性的看法会影响他们对自助服务技术的采用。面对一个小而简单的问题，经验丰富、见多识广的消费者为了提高效率，更倾向于使用自助服务技术（Selnes et al.，2001；Voelker，2010）。相反，面对复杂任务时，消费者更倾向于人工服务。自助服务会对简单关系中的社会联系产生负面影响，而对复杂关系中的社会联系产生正面影响（Selnes et al.，2001）。这是因为，自助服务技术的出现可以让更多的服务人员从重复性的简单工作中解脱出来，从而为遇到复杂问题的消费者提供帮助（Selnes et al.，2001）。简言之，自助服务技术的采用会受到服务性质的影响（Kaushik et al.，2015）。

相比之下，中国学者对技术采用的关注较少，且关注点较为分散。陈凡（2014）探讨了消费者使用自动服务技术的行为意愿与消费者自我效能的关系。韦斐琼等（2016）以及高维和董大海（2011）对影响消费者使用自助服务技术的因素和模式进行了总结和分析。刘顺忠（2018，2020）从关系营销策略出发，研究了消费者与自助服务技术的关系维持策略与自助服务体验对促进消费者继续使用相关自助服务技术的影响。姜陆和金玉芳（2016）验证了功效层消费者价值（感知易用性、便利性、风险、控制和技术焦虑）对自助服务技术偏好和使用行为（使用频率和使用多样性）的影响。王新浩和马秀芳（2012）的研究显示自助服务技术使用过程中的焦虑是影响感知有用性和使用忠诚度之间关系的调节变量。董大海、王新浩和马秀芳（2013）进一步揭示了焦虑会对消费者的满意度产生负向影响，而感知有用性则通过对消费者满意度和信任的影响，正向影响消费者的忠诚度。曹忠鹏等（2010）的研究结果表明服务质量通过消费者价值影响消费者满意度，进而间接影响消费者继续使用网络银行的行为；自我效能直接影响顾客的继续使用行为。

3. 不同类型自助服务技术的态度差异

不同企业的服务渠道大不相同，因此不同企业对自助服务技术持有不同的态度，并在服务交付方面采取独特的竞争策略（Ba et al.，2010）。同样，消费者对不同自助服务技术的态度也各不相同（Kaushik et al.，2015）。更具体地说，消费者在不同领域采用不同技术的前因不同，甚至在不同环境中采用相同的技术和在同一领域采用不同的技术的前因也不尽相同。虽然有些前因是相似的，但在特定领域采用特定自助服务技术的前因有其特殊性（Considine和Cormican，2016）。换句话说，消费者不仅对不同领域的类似的自助服务技术持有不同的态度，而且对用于提供相同服务的不同自助服务技术持有多样化的态度（Curran et al.，2005；Kaushik et al.，2015；Meuter et al.，2003）。例如，相比很少被采用的自助服务技术，消费者对广泛应用的自助服务技术持有更积极的态度（Curran et al.，2005；Kaushik et al.，2015）。Curran和Meuter（2005）的研究进一步发现，影响消费者采用不同自助服务技术（自助取款机、电话银行和网上银行）的因素并不总是一致的，而且在同一领域（如银行业）采用自助服务技术的过程中，不同阶段的影响因素也大不相同。此外，在不同的研究中，不同因素对使用自助服务终端的行为意向的影响程度也不尽相同（Curran et al.，2005）。例如，在Kim和Qu（2014）的研究中，兼容性发挥了最重要的作用，而在Kaushik等（2015）的研究中，技术焦虑则发挥了更大的作用。Meuter等（2005）认为在预测消费者试用自助服务技术的意愿时，消费者准备的影响程度超过了技术特征或个体差异变量的影响程度。

总之，尽管有关技术采用前因的文献有助于了解消费者和酒店管理者对自助服务技术与人工服务的偏好，但还远远不够。

首先，有关采用自助服务技术的现有研究并不多（Shin et al.，2019）。在2010年至2017年，只有199篇国际期刊文章将研究聚焦在自助服务技术，并且大多数的研究关注消费者的使用意愿，而关于消费者体验对技术采用的影响的学术研究相对较少（Shin和Perdue，2019）。目前国内聚焦于中国消费者使用自助服务技术的文献，发现了以下前因：关系维持策略、公司形象、消费者体验、服务质量、自我效能、消费者感知控制、技术焦虑、消费者参与、感知便利、技术焦虑、主观规范和技术特征（感知易用性和感知有用性）等（刘洋，2016；姜陆，2013；岑成德等，2011；楼尊，2010）。尽管学术界也揭示了互动需求、产品规范体验、服务失败和补救体验以及首次体验对技术采用的影响，但很少有研究探究与消费者体验相关的其他方面是否会影响技术采用。因此，有必要从体验角度，探究消费者对自助服务技术的采用。

其次，随着技术的进步，酒店通常通过多种方式为消费者提供服务。事实上，现有的服务渠道的相关研究（见表2-1）已证明服务渠道的多样性，以及消费者可通过多种方获取服务（Berry et al.，2010；Pieterson et al.，2008）。因此，从单一服务渠道的角度来探究消费者的自助服务技术采用具有争议。此外，参照依赖偏好理论认为决策受到参照点（如所替代的服务渠道）的影响，因此在探究自助服务技术采用时需要将服务人员纳入考虑（Kahneman et al.，1979）。换句话说，有必要以人工服务为参照点，探讨消费者对自助服务技术的偏好。通过选择来表达偏好是行为的本质（Slovic，1995）。在酒店领域，Kaushik和Rahman（2017）从印度国内游客的视角出发，研究了互动需求在技术准备程度与消费者选择（自助服务技术还是人工服务)之间的中介作用。然而，在该研究中，Kaushik和Rahman利用消费者采用自助服务技术的意向来表示消费者选择。也就是说，他们的研究是对消费者采用自助服务技术的意向的研究，而不是探究消费者在两种渠道之间的选择。该研究的另一个缺陷是，将自助服务技术和人工服务之间的选择视为一次性事件，而忽视了消费者在酒店服务过程中会反复面临选择。

三、影响自助服务技术和人工服务偏好的前因

当前有关消费者对自助服务技术和人工服务的偏好的研究比较有限。Cassab（2009）发现在手机通信服务领域，多种服务渠道交付服务的不同属性（包括问题处理、可用性、记录准确性等）都会影响消费者对不同服务方式的选择。Lu等（2011）发现，在机场，消费者对柜台值机、自助值

机、互联网值机的选择因其国籍和先前体验的不同而不同。此外，Fan等（2016）的研究表明，消费者特征（权力感）、自助服务技术特征（拟人化程度）和情境因素（其他消费者的存在）会对消费者放弃自助服务技术而转向人工服务产生影响。此外，认知风格、年龄、互动需求、感知拥挤程度、感知等待时间、角色清晰度、感知任务复杂性和同伴也会显著影响消费者对自助服务技术和人工服务的选择（Gelderman et al.，2011；Simon et al.，2007；Wang et al.，2012）。

不过，这些研究大都是在超市或机场开展的定量研究，主要聚焦于与值机/结账相关的自助服务技术上，并多从西方消费者的角度进行探讨（见表2-8）。其他国家/行业的经验只能作为有限的参考（Cunningham et al.，2009）。消费者对自动服务技术的使用意向在不同的视角和语境中存在差异。酒店服务有别于超市的结账服务或机场的登机服务。酒店服务流程涉及入住登记、客房服务、餐厅和退房等不同服务接触场景（Danaher et al.，1994；Yung et al.，2002），比超市或机场单一的值机/结账服务要复杂得多。因此，有必要对酒店服务提供过程中的智能化新技术进行专门的学术研究。

此外，Lu等（2011）仅用一个简单问题（被调查者以前是否使用过自助服务技术）来指代先前体验，忽略了Wang等（2012）所提出的先前体验对消费者自助服务技术的态度和行为影响的复杂性。因此，通过定性研究全面探究消费者和酒店管理者在酒店服务过程中如何从体验角度构建对自助服务技术和人工服务的偏好，有利于推动技术采用研究进一步发展。

第六节　研究述评与研究框架

综上所述，本章为本研究的设计和开展奠定了基础。本章第一节回顾了服务渠道的相关研究，以及高度人性化的人工服务和高度科技化的自助服务在酒店业中的作用。第二节界定了酒店服务过程划分。第三节界定了消费者体验，并总结了现有测量酒店消费者体验的方法，并针对性回顾了两种不同服务渠道的消费者体验的相关文献。第四节从酒店管理者和消费者的角度总结了从人工服务到高度科技化服务的转变，以及高度人性化服务的同步发展，进而在酒店背景下对比了自助服务技术与人工服务。第五节总结并归纳了现有研究中有关技术采用的理论，以及影响采用和偏好的前因。

在上述工作的基础上，本研究总结了以下研究空白（见表2-10），并针对性地提出了本研究的研究内容作为回应，进一步强化了第一章提出的研究问题和目标。简而言之，本研究旨在确定酒店管理者和消费者对不同服务渠道（自助服务技术和人工服务）的偏好，并探讨在酒店服务过程中影响其偏好的体验因素，以及酒店管理者和消费者在偏好和体验方面的差异。下一章将阐述为达成研究目标和解决研究问题所采用的研究方法。

表2-10 现有研究的不足及对策总结

<table>
<tr><th>领域</th><th>主要缺陷</th><th>为何要弥补这些缺陷</th><th>本研究将采取的措施</th></tr>
<tr><td rowspan="2">服务渠道多样化</td><td>专注于政府服务，忽略酒店环境</td><td>市场服务有别于政府服务</td><td>在酒店服务渠道多样化的环境中，探讨消费者的自助服务技术偏好行为</td></tr>
<tr><td>服务渠道选择的前因研究有限</td><td>前因对理解消费者行为至关重要</td><td>厘清自助服务技术偏好的前因</td></tr>
<tr><td rowspan="2">酒店服务过程</td><td>忽略了消费者在不同的酒店服务接触场景会选择不同的服务渠道</td><td>将酒店服务过程划分为不同的服务接触，有利于丰富现有相关知识</td><td>将酒店服务过程划分为不同的服务接触</td></tr>
<tr><td>对服务交付过程的研究不足</td><td>服务过程和服务结果一样重要</td><td>揭示消费者在酒店服务过程（不同的服务接触场景）中的偏好</td></tr>
<tr><td rowspan="2">消费者体验</td><td>酒店消费者体验缺乏统一测量标准</td><td>需要在不同类型的酒店开展调查研究</td><td rowspan="2">开发可以同时测量自助服务技术体验和人工服务体验的量表；
分析哪些体验因素影响消费者偏好；
探究自助服务技术体验与人工服务体验之间的差异</td></tr>
<tr><td>未将自助服务技术带来的积极体验和自助服务技术带来的负面体验进行对比</td><td>消费者体验至关重要</td></tr>
</table>

续表

领域	主要缺陷	为何要弥补这些缺陷	本研究将采取的措施
消费者体验	缺乏既可以用来衡量自助服务体验又可以衡量人工服务体验的统一测量量表	了解自助服务技术对人工服务的改变程度很重要	开发可以同时测量自助服务技术体验和人工服务体验的量表； 分析哪些体验因素影响消费者偏好； 探究自助服务技术体验与人工服务体验之间的差异
		自助服务技术的属性影响消费者偏好	
	缺乏对不同服务渠道先前体验的全面探究	现有研究大都仅以消费者是否使用过自助服务技术指代先前体验	
		关于先前体验是否影响消费者采用助服务技术的研究结论并不总是一致	
		先前体验对消费者自助服务技术采用的影响比其他因素复杂得多	
	缺乏对酒店管理者提供的体验和消费感知的体验的差异化研究	酒店管理者设计体验	探究消费者感知到的体验和酒店管理者想要提供的体验之间的差异
		酒店管理者最终确定用于服务交付的服务渠道	
		在决定是否进一步实施自助服务技术时，从业人员对消费者对自助服务技术的看法的了解非常重要	
自助服务vs人工服务	研究领域主要是机场、银行或零售业，而不是酒店	酒店的服务过程比机场、银行和超市复杂得多	酒店领域作为研究背景
	忽视服务渠道的多样性	服务商提供多种服务渠道	在酒店服务渠道多样化的环境中，以人工服务为参照点，分析消费者对自助服务技术的偏好
		消费者偏好取决于参照点	
		消费者会采用多种服务渠道	

续表

<table>
<tr><th>领域</th><th>主要缺陷</th><th>为何要弥补这些缺陷</th><th>本研究将采取的措施</th></tr>
<tr><td rowspan="8">自助服务vs人工服务</td><td>聚焦于单一服务渠道的现有理论/模式较为简单</td><td>偏好是行为意向的本质</td><td rowspan="2">从体验的角度探究偏好构建机制</td></tr>
<tr><td>缺乏对如何构建偏好的探索</td><td>个人偏好是构建出来的</td></tr>
<tr><td>高度科技化vs高度人性化的研究发现并不总是一致</td><td>优化服务交付渠道对酒店的成功至关重要</td><td>探究消费者和酒店管理者在酒店服务过程中对自助服务技术和人工服务的偏好；
探究消费者和酒店管理者之间的偏好差异</td></tr>
<tr><td rowspan="2">自助服务技术的好处存在争议</td><td>关于自助服务技术带来的变化的观点不统一</td><td rowspan="2">通过探究消费者和酒店管理者之间的差异，以及自助服务技术和人工服务之间的差异，探究自助服务技术带来的变化</td></tr>
<tr><td>自助服务技术的应用影响酒店绩效</td></tr>
<tr><td rowspan="3">缺乏对智能化自助服务技术的研究</td><td>创新在消费者体验中发挥重要作用</td><td>重点关注智能化新技术</td></tr>
<tr><td>消费者对自助服务技术的态度截然不同</td><td rowspan="2">在酒店服务过程(不同的服务接触场景)中，探讨消费者对具体自助服务技术的偏好</td></tr>
<tr><td>消费者采用自助服务技术的前因各不相同</td></tr>
</table>

第三章 研究方法

前两章介绍了研究的背景，回顾了先前关于不同服务交付渠道（自助服务技术及人工服务）的文献，并提出了本研究的研究目标和研究问题。随着自助服务技术不断渗透到旅游业和酒店业（Kaushik et al.，2015；Oh et al.，2013），自助服务技术的应用已经引起了学术界的关注（Kim et al.，2014）。根据参照依赖理论，被自助服务技术替代的人工服务会显著影响偏好（Kahneman et al.，1979）。换言之，人们是否采用自助服务技术取决于它所替代的渠道。然而，当前的学术研究较少考虑人工服务的影响。从这方面来说，有必要考虑人工服务并探讨它如何影响决策，而不只是关注人们使用自助服务技术的意愿。偏好被认为是行为意向的本质（Slovic，1995）。然而，人们可能并不清楚自己的偏好。因此，应该更多地关注消费者和酒店管理者对自助服务技术和人工服务的偏好，特别是基于体验视角的认知。本研究从经验角度出发，以人工服务为参照点，探讨酒店管理者和消费者在酒店服务过程中对自助服务技术的偏好。本研究还探讨了酒店管理者和消费者对体验的偏好和感知之间的差异（见图3-1）。

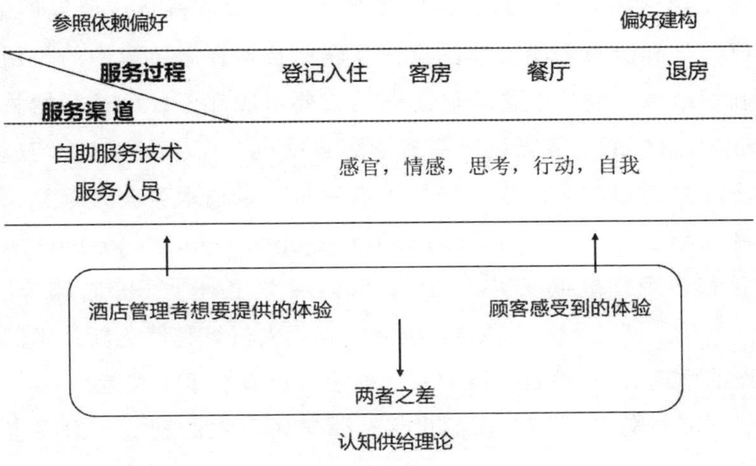

图3-1 研究框架

第一节　研究场景:中国酒店业

一、中国自助服务技术应用的背景

1. 旅游＋互联网

2015年，原国家旅游局发布了《国家旅游局关于实施“旅游＋互联网”行动计划的通知》，其中重点行动包括推进旅游区域互联网基础设施建设，推动旅游相关信息互动终端建设，推动旅游物联网设施建设，支持在线旅游创业创新，大力发展在线旅游新业态，推动“旅游＋互联网”投融资创新，开展智慧旅游景区建设，推动智慧旅游乡村建设，完善智慧旅游公共服务体系和创新旅游网络营销模式。在保障措施方面，通知指出要构建开放包容的“旅游＋互联网”环境，提升“旅游＋互联网”创新能力，开展“旅游＋互联网”创新成果试点示范和推广应用，支持引导“旅游＋互联网”发展政策创新，支持互联网旅游企业拓展海外合作。2017年，原国家旅游局与中国科学院在北京共同发布了“首批中国十大科技旅游基地”，以推动科技支撑旅游发展、旅游促进科技传播，营造科技旅游发展新氛围。这些政府文件和决策表明，中国重视互联网技术在旅游业中的作用。住宿业，更确切地说，酒店业作为旅游业的重要组成部分，已经开始关注技术(Sun,1990)。例如，“互联网＋智慧酒店自助机”在2017中国“互联网＋”数字经济峰会亮相。2016年，普华永道发布了《技术突破大趋势：如何为其影响做好准备》(*Tech breakthroughs megatrend: How to prepare for its impact*)，该报告围绕虚拟现实（VR)、增强现实（AR)、3D打印、区块链、物联网（IoT)、人工智能（AI)、机器人和无人机等智能化新技术的影响展开了激烈的讨论[①]。这些技术既有利于酒店，也有利于消费者。

虽然互联网打开了一个新的世界，带来了巨大的利益，但损害和威胁

① PWC. Tech breakthroughs megatrend: How to prepare for its impact[EB/OL]. [2023-10-23]. https://www.pwc.com/gx/en/issues/technology/tech-breakthroughs-megatrend.pdf.

也随之而来。2013年，大量酒店的入住记录泄露，引起了人们的恐慌，另一个经典的例子是2017年席卷全球的WannaCrypt。此外，当人脸面部识别支付系统出现时，人们担心不法分子会利用他们的照片获利。我国于2016年通过了《中华人民共和国网络安全法》，这是我国网络安全领域的基础性、框架性法律，明确加强关键信息基础设施安全保护，完善个人信息保护，明确了网络运营者的安全义务。

2. 中国制造2025

2015年，国务院印发了《中国制造2025》，该规划旨在通过“三步走”将中国从“制造大国”转变为“制造强国”。《中国制造2025》提出，坚持“创新驱动、质量为先、绿色发展、结构优化、人才为本”的基本方针，坚持“市场主导、政府引导”“立足当前、着眼长远”“整体推进、重点突破”“自主发展、开放合作”的基本原则，瞄准新一代信息技术、高端装备、新材料、生物医药等十大重点产业，大力推动优势和重点领域突破发展、快速发展。通过落实这一战略规划，中国在机器人等智能化制造业方面取得了进步。虽然该计划并不直接适用于酒店业，但酒店业也会从中受益。

3.“十四五”机器人产业发展规划

2021年12月，工业和信息化部等十五部门发布《“十四五”机器人产业发展规划》①，该规划中强调我国将智能机器人列为“重点专项”，鼓励支持机器人关键技术和部件研发，让机器人研发达到国际竞争水平。

2005年以来，从中国制造向中国创造和智造的转型，为中国的人工智能科技创新和产业发展奠定了基础。2017年，我国发布《新一代人工智能发展规划》，提出到2030年，我国的人工智能理论、技术与应用总体要达到世界领先水平，成为世界主要人工智能创新中心，这一规划是国家主导的工业计划《中国制造2025》的延续。根据2021年国际机器人联合会的数据，中国已经显著扩大了其作为最大市场的领先地位，2021年中国大陆工业机器人总供应量增长51%，安装量达268.2千件（见图3-2）。在服务机器人方面，截至2021年8月，中国已有1万多家酒店配备了云迹科技生产的服

①“十四五”机器人产业发展规划[EB/OL].[2023-10-23].https://www.gov.cn/zhengce/zhengceku/2021-12/28/content_5664988.htm.

务机器人，云迹机器人在酒店内一天要送100多趟东西，如果按照一趟用时6分钟计算，100趟就相当于要连续工作10小时。机器人在酒店中的服务已经不再是一个新鲜的噱头，而已经成为一项非常实用的服务。云迹科技创始人支涛认为："中国目前有80多万家酒店，其中适合使用机器人的有30多万家，这个数据未来还有可能增长，机器人具有很大的市场空间。"

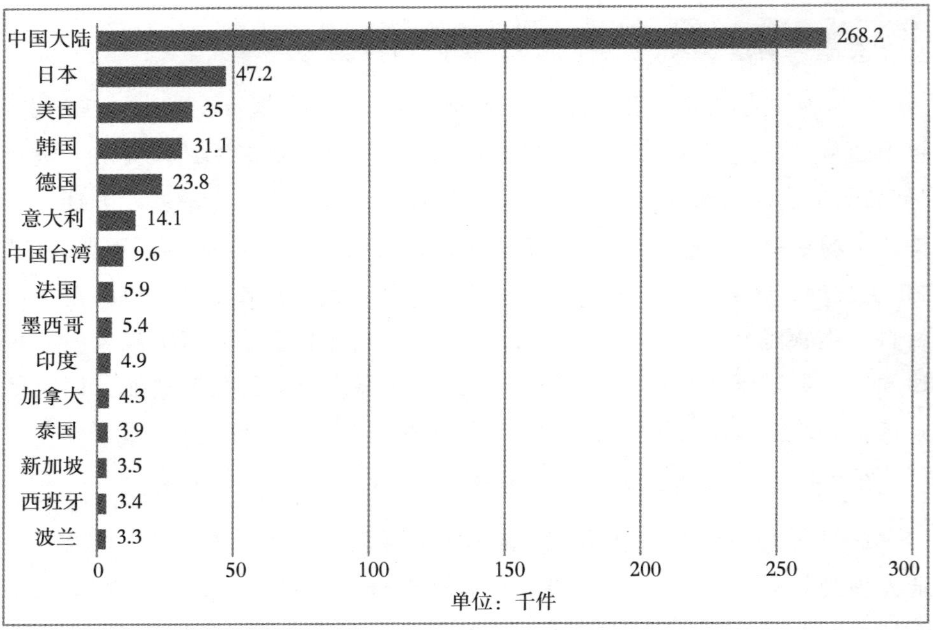

图3-2　2021年全球前15个市场工业机器人年安装量[①]

4. 住宿登记

2022年修订的《旅馆业治安管理办法》规定："旅馆接待旅客住宿必须登记。登记时，应当查验旅客的身份证件，按规定的项目如实登记。接待境外旅客住宿，还应当在24小时内向当地公安机关报送住宿登记表。"如果酒店管理者违反这些规定或措施，公安机关将根据《中华人民共和国治安管理处罚法》的规定对旅馆进行处罚。这种实时入住登记规定意味着，如果要推广自助入住终端，需要跟当地公安机关进行合作。

①IFR.Asia,Europe and the Americas-overview [EB/OL].[2023-10-23].https://ifr.org/news/wr-report-all-time-high-with-half-a-million-robots-installed.

5. 中国的劳动力

一方面，我国的劳动力正在急剧减少。首先是我国劳动力数量的减少，从2012年到2018年，我国劳动力人口减少了约3000万人①，导致劳动力成本上升，产业转移，而技术替代人力正在成为一种趋势。第七次全国人口普查结果显示，我国16岁至59岁劳动年龄人口为8.8亿人。此外，劳动力人口老龄化所带来的问题甚至比因劳动力数量减少所引发的问题更引人注目。我国劳动年龄人口的平均年龄从1978年34岁下降到1986年的33.5岁，然后逐渐提高到2010年的38岁和2020年的38.8岁。人口红利似乎正在逐渐消失，劳动力短缺正在推动工业自动化的发展。

另一方面，服务人员的高流失率在我国也已经成为一个严重的问题，由它引发的负面影响已经被业界和学术界注意到。例如，杨琴和尹奇凤（2012）指出，服务人员流失会导致服务质量不稳定，损害酒店的无形资产，并增加人力成本。李从欣（2005）认为，服务人员的高流失率会严重影响酒店的经营，导致服务人员技能和经验流失，降低竞争力，导致消费者和服务人员的忠诚度降低，进而阻碍酒店业的进一步发展。现有研究发现，导致服务人员流失的原因包括职业发展机会有限、薪酬不高、思想观念问题、社会地位低、工作条件差、服务人员之间及服务人员与酒店管理者之间缺乏沟通以及行业竞争等（吕敏等，2009），并提出了实施奖励机制、坚持以人为本的管理理念、重视服务人员职业生涯规划、提高服务人员薪酬福利等对策（杨琴等，2012）。智能化新技术，特别是可以在没有服务人员参与的情况下提供服务的自助服务技术，可以被视为解决劳动力短缺的有效方法（Wei et al.，2016）。中国已经开始借助科技解决劳动力减少、劳动力老龄化、离职率高等问题。

二、中国酒店自助服务技术应用现状

希尔顿和凯悦等国际连锁酒店在全球范围内推出了智能化登记入住或自助入住终端②。这些技术投资在西方国家比在我国更成功的原因之一可能

①华夏时报网.劳动力供给7年减少3000余万人 专家称我国已掉入低生育率陷阱[EB/OL].[2023-10-23].https://finance.sina.com.cn/roll/2019-04-16/doc-ihvhiewr6473470.shtml.

②Hospitality Net. Hilton worldwide digital check-in and room selection rolled out worldwide [EB/OL].[2023-10-23]. https://www.hospitalitynet.org/news/4068308.html.

是我国旅馆必须向当地公安机关实时上传旅客的身份信息。尽管自助服务技术在中国酒店的应用起步较晚，但发展迅速。2015年，我国创建了互联网酒店平台Xbed，旨在通过App实现选房、预订、支付，以及在线完成身份验证、一键入住、开房、一键退房、呼叫专业管家服务、体验餐饮与娱乐、扫码购买房屋内家居产品等特色服务（Jiemian，2016）。随后，中国推出了一系列以自助服务和服务自动化为目标的智能化新技术项目，如"未来酒店""微信生态酒店"和"EASY住"等。与此同时，万达、99优选、汉庭等酒店也开始尝试自助服务技术。杭州千岛湖洲际度假酒店和昆明海航飞行酒店都引入了服务型机器人。2018年底，阿里巴巴集团开设了第一家以"菲住布渴"命名的未来酒店（Flyzoo Hotel）。这家酒店配备了最前沿的技术，如人工智能管理系统、机器人技术和人脸识别技术等，引起了全世界的关注。

三、为什么选择中国？

本研究拟以我国为研究背景。首先，我国面临着劳动力数量减少、劳动力老龄化、服务人员流失率高等问题，自助服务技术可能有助于解决这些问题。同时，我国的酒店目前还处于引入自助服务技术的起步阶段，管理者面临着是否在酒店部署以及在多大程度上使用自助服务技术等决策问题（Oh et al.，2013）。在这一背景下，我国为自助服务技术与旅游的合作提供了政策支持，如《国家旅游局关于实施"旅游＋互联网"行动计划的通知》。但同时根据相关规定，旅客在我国酒店办理入住时需要提供身份证明文件，并由酒店实时上传到当地的公安机关，这使得自助入住登记终端在中国酒店的应用需要考虑更多问题。另外，中国几乎所有的酒店都提供网上预订和支付服务。相比之下，使用智能化自助服务技术的酒店数量还相对有限。

其次，尽管学术界对美国等西方国家的自助服务技术进行了探究（见表2-3和表2-8），但对我国使用自助服务技术的探究相对有限。消费者对自助服务技术的使用意向在不同的视角和语境中存在差异，正如Mattila（1999）所传达的那样，亚洲消费者和西方消费者对豪华酒店住宿的价值观不同。Lu等（2011）发现，中国台湾地区的旅客倾向于使用传统的人工值机，而韩国、澳大利亚和美国的旅客更喜欢到自助终端办理机场值机。如果不考虑文化差异，盲目套用其他国家或地区或其他行业的经验可能会对消费者服务和企业绩效产生负面影响（Lu et al.，2011；Rosenbaum et al.，2015）。例如，我国澳门的某酒店在引入自助入住终端之前，没有在地域背景下测试自助入住终端，导致其使用率较低（Rosenbaum et al.，2015）。

最后，尽管在现有的研究中，我国学者关注了中国自助服务发展所面临的机遇和挑战，但大多数是在金融和图书馆领域开展的，而不是酒店领域。此外，自助服务与传统服务的比较研究还处于起步阶段。了解自助服务技术和服务人员之间的相互作用有助于了解技术在人类生活中的作用。另一个研究空白是酒店领域自助服务技术和人工服务对消费者体验的影响。因此，从体验角度，探究中国酒店场景中自助服务技术与人工服务的偏好构建既有现实意义，也有理论意义。

第二节 数据收集

本研究采用定性研究方法来充分了解酒店和消费者如何构建对自助服务技术的偏好。这是因为定性研究与本研究的研究目标相切合（Waller et al.，2016）。作为演绎法的前提条件（Waller et al.，2016），归纳方法适用于深入研究尚未被发现的前因（Rosenbaum et al.，2015）。

具体来说，本研究将对酒店管理者和消费者进行深度访谈，以了解酒店管理者和消费者在酒店服务过程中的自助服务技术偏好及其前因（Kelly et al.，2017；Oh et al.，2016）。深度访谈法是定性研究中较常用的一种收集数据的方法。本研究选择深度访谈法收集数据的主要原因如下。

首先，深度访谈可以用来获取不同信息（Veal，2011），鉴于个人对高度科技化和高度人性化的偏好不一致，因此本研究采用了深度访谈法。

其次，深度访谈法通常被用于可以通过受访者讨论个人经历来回答研究问题的场景。本研究中的相关问题可以通过受访者讲述他们对不同服务提供渠道的偏好和体验来回答，因此适用深度访谈法。

再次，深度访谈法是了解个人对自己的处境和体验的看法的合适方法。因此，本研究采用深度访谈法来获取受访者对两种服务提供渠道的看法和体验。

最后，通过深度访谈法，我们能够获得丰富的数据，以验证与揭示尚未被学者们探讨的问题。深度访谈法不是简单地通过依次提问来获得答案，而是允许进一步追问跟进问题，并鼓励受访者解释他们的答案（Veal，2011），从而获取更加深入的信息。也就是说，研究者不仅可以向受访者询问问题，而且可以根据受访者的回答进行追问。一对一的访谈通常应该持续半个小时以上（Veal，2011）。

一、抽样方法

抽样涉及选择受访者、抽样地点和样本量（Creswell et al.，2007；Waller et al.，2016）。抽样方法与研究目标密切相关（Creswell et al.，2007；Waller et al.，2016）。受访者、抽样地点和样本量的选择必须能满足以最佳方式完成数据收集的要求，以回答研究问题（Creswell et al.，2007；Waller et al.，2016）。但由于时间和金钱的原因，受访者无法包括与该研究相关的所有人员。因此，招募能够仔细、准确地回答研究问题的合适的受访者至关重要（Waller et al.，2016）。定性研究中不是随机选择受访者，而是有目的地选择受访者，以收集必要且充分的数据进行深入研究（Creswell et al.，2007；Teddlie et al.，2007）。定性研究的抽样方法通常为非概率抽样（nonprobability sampling）或目的性抽样（purposeful sampling），具体包括标准抽样、最大差异抽样、滚雪球抽样和便利抽样等（Teddlie et al.，2007）。定性研究通常结合两种或两种以上的非概率抽样方法来收集所需的信息，这种策略通常被定义为多阶段的目的性抽样（multistage purposeful sampling）（Teddlie et al.，2007）。本研究首先采用标准抽样来识别合适的受访者，同时，结合最大差异抽样提高样本异质性，并利用便利抽样和滚雪球抽样来邀请合适的受访者。

标准抽样意味着根据关键标准选择受访者（Veal，2011）。在本研究中，酒店管理者和消费者（供应方和需求方）充当关键受访者。现有的研究已经证实，在确定酒店关键自助服务技术（Oh et al.，2013）以及自助服务技术对运营和消费者的价值方面（Lu et al.，2009；Oh et al.，2013），获取管理者的意见是必要的。除了总经理，本研究中的酒店管理者还包括单体酒店和酒店集团不同部门的经理或总监。为保证受访者对访谈主题具有一定的理解与认识，这些酒店管理者应对酒店的服务实践、绩效和自助服务技术有清晰的认识。因此，本研究选择了来自应用了自助服务技术的酒店的管理者或在酒店领域使用过智能化自助服务技术的酒店管理者，由此也可以帮助确定酒店环境中可用的智能化自助服务技术，以及酒店期望为消费者提供的体验。

消费者之所以被招募，是因为他们使用或体验了酒店提供的服务，且对酒店的服务质量有直接的感受。消费者的认可是酒店成功的核心。因此，本研究也邀请了使用过酒店自助服务技术的消费者。此外，这些消费者曾在过去12个月（2016年底至2017年底）在中国住过酒店，以保证他们对酒店的服务交付流程有所了解（Kim et al.，2012；Wei et al.，2017）。也就是说，在过去12个月内（2016年底至2017年底），受访者在中国的酒店至少使用过一次自助服务技术。

三角互证（triangulation）的核心是跨信息源收集多种资料（如招募不同类型的受访者）（Willis，2007），即一个结论的得出需要多个来源（如不同类型的受访者）的确认。因此，本研究采用最大差异抽样以涵盖对关键问题持有不同意见的受访者（Creswell et al.，2007）。在本研究中，受访者来自中国各地的不同酒店，包括经济型、中档型、高档型、豪华型的商务酒店和度假酒店。这些标准是为了保证受访者对自助服务技术和酒店服务流程的了解，并消除只关注某一种类型酒店的局限性。

本研究采用便利抽样和滚雪球抽样的方法来获取合格的受访者。便利抽样是指招募容易接触到的受访者（Teddlie et al.，2007），如朋友、家人和同事（Veal，2011）。在本研究中，研究人员首先联系了符合条件的熟人，然后通过熟人的介绍接触到了更多的受访者。如果受访者同意参加研究，研究人员会与其联系并预约面对面、视频或电话采访。在征得受访者的同意之后，研究人员还会对访谈过程进行录音，以便完整地记录访谈内容，进而研究人员能够据此准确地分析和引用相关信息（Waller et al.，2016）。

二、预调研

在进行正式访谈之前，本研究进行了预调研，以检验访谈问题和抽样方法的有效性、可靠性和恰当性。2017年12月和2018年1月，通过熟人介绍，研究人员邀请了4位酒店管理者参加预调研。同时，4位在酒店或餐厅使用过自助服务技术的消费者也被邀请参加预调研。根据预调研的结果，研究人员对访谈问题进行了简单修改。例如，考虑到服务接触本身的差异以及这些服务接触中使用的不同类型的自助服务技术，将原来的4种服务接触（入住、客房、餐厅和退房）划分为8种新的服务接触，即办理登记入住、使用房间设施、预订客房服务、递送客房服务、在酒店的餐厅/酒吧点餐或预订其他服务、在酒店的餐厅/酒吧的服务交付、退房和开发票。此外，研究人员根据预调研的结果调整了访谈问题的顺序。在最初的访谈提纲中，研究人员将会首先询问消费者和酒店管理者从入住到退房的整个过程的偏好和体验，如果消费者在餐厅使用过自助服务技术，但没有自助入住终端的使用经验，这时就可能出现混乱。因此，新访谈提纲从询问消费者的自助服务技术的初次使用经历和体验开始，然后询问他们二次使用自助服务技术的偏好和体验。

三、正式调研

为了获取深入而详细的信息，定性研究的样本量通常较小（Creswell et al.，2007）。访谈的样本量依据饱和度和充足性确定。在本研究中，当信息开始反复出现，且所获资料能够充分解答研究问题时，就停止数据收集（Waller et al.，2016）。

对酒店管理者的正式访谈主要集中在2018年1月和2月。考虑到受访者的便利，最后一次面向酒店管理者的访谈于2018年4月进行。最终，在正式数据收集过程中，研究人员面向酒店管理者开展了27次深度访谈。加上预调研中的4次访谈，共收集到31份深度访谈数据。在数据分析时，研究人员删除了一项预调研的访谈，这是因为这位酒店管理者在中国香港特别行政区工作，并不在本研究的范围内（中国内地）。如表3-1所示，在30名酒店管理者中，有7名是女性管理者，有16名受访者是总经理级别。他们的年龄从28岁到56岁不等。这些酒店管理者来自不同规模、类别和隶属关系的酒店，增强了研究的有效性和可靠性（Willis，2007）。30次深度访谈的平均访谈时间约为69分钟。

表 3-1　受访者的人口统计学特征(酒店管理者)

受访者编号	年龄/岁	性别	职位	酒店规模	酒店类别	品牌隶属关系
酒店管理者#1	36	女性	前厅经理助理	高档型	度假	国际连锁
酒店管理者#2	29	女性	前台经理	豪华型	商务	国际连锁
酒店管理者#3	36	男性	信息技术经理	豪华型	商务	国际连锁
酒店管理者#4	46	男性	总经理	豪华型	度假	独立产权
酒店管理者#5	28	男性	酒店经理	中档型	商务	国内连锁
酒店管理者#6	37	男性	首席信息官	高档型	商务	国内连锁
酒店管理者#7	36	女性	人力资源总监	豪华型	商务	国际连锁
酒店管理者#8	36	男性	营销总监	高档型	度假	国际连锁
酒店管理者#9	29	男性	公共关系专家	高档型	商务	独立产权
酒店管理者#10	28	女性	公共关系经理	豪华型	商务	国际连锁
酒店管理者#11	33	男性	人力资源总监	豪华型	度假	国际连锁
酒店管理者#12	29	男性	前厅及销售部经理	经济型	商务	独立产权
酒店管理者#13	36	男性	销售部经理	豪华型	商务	独立产权
酒店管理者#14	43	男性	总经理	高档型	商务	国内连锁
酒店管理者#15	37	男性	总经理	豪华型	商务	国际连锁
酒店管理者#16	38	男性	总经理	豪华型	度假	国际连锁
酒店管理者#17	约30	男性	信息系统管理员	高档型	商务	国际连锁
酒店管理者#18	39	男性	总经理	高档型	商务	国际连锁
酒店管理者#19	40	女性	人力资源总监	豪华型	商务	国际连锁
酒店管理者#20	56	男性	总经理	豪华型	商务	国际连锁
酒店管理者#21	40	女性	管家	豪华型	商务	国际连锁
酒店管理者#22	40	男性	集团营销总监	豪华型	商务及度假	国内连锁
酒店管理者#23	38	女性	总经理	豪华型	商务	国际连锁
酒店管理者#24	48	男性	总经理	高档型	度假	国际连锁
酒店管理者#25	46	男性	集团副经理	豪华型	商务	国际连锁
酒店管理者#26	33	男性	临时总经理	高档型	商务及度假	独立产权
酒店管理者#27	50	男性	总经理	高档型	商务	国际连锁

续表

受访者编号	年龄/岁	性别	职位	酒店规模	酒店类别	品牌隶属关系
酒店管理者#28	45	男性	总经理	高档型	度假	独立产权
酒店管理者#29	38	男性	总经理	高档型	商务	国内连锁
酒店管理者#30	34	男性	总经理	高档型	商务	独立产权

对消费者的正式访谈于2018年2月至2018年4月进行，共邀请了25位消费者进行深度访谈。加上预调研中的4次深度访谈，总共收集了29份深度访谈数据。这些受访者来自经济型、中档型、高档型和豪华型等不同类型的酒店。受访者的年龄从24岁到55岁不等。其中18名受访者是女性消费者（见表3-2）。29次深度访谈的平均访谈时间约为60分钟。

表3-2　受访者的人口统计学特征(消费者)

受访者编号	年龄/岁	性别	酒店规模	酒店类别	出行目的
消费者#1	25	女性	经济型	商务	商务
消费者#2	25	女性	高档型	商务	商务
消费者#3	28	男性	经济型	商务	拜访朋友
消费者#4	27	女性	经济型	商务	休闲
消费者#5	29	男性	高档型	商务	商务
消费者#6	27	男性	高档型	商务	商务
消费者#7	24	男性	高档型	商务	商务
消费者#8	27	女性	高档型	商务	商务
消费者#9	28	女性	豪华型	度假	休闲
消费者#10	27	女性	高档型	商务	探亲
消费者#11	28	女性	豪华型	商务	商务
消费者#12	35	女性	高档型	商务	商务和休闲
消费者#13	35	女性	豪华型	商务	休闲
消费者#14	29	女性	豪华型	商务	休闲
消费者#15	26	女性	中档型	商务	商务
消费者#16	28	女性	豪华型	商务及度假	探亲
消费者#17	28	女性	高档型	商务	休闲

续表

受访者编号	年龄/岁	性别	酒店规模	酒店类别	出行目的
消费者#18	30	女性	中档型	商务	商务
消费者#19	30	女性	豪华型	商务	商务
消费者#20	25	女性	中档型	商务	休闲
消费者#21	30	男性	高档型	商务	商务
消费者#22	27	男性	中档型	商务	休闲
消费者#23	42	男性	经济型	商务	商务
消费者#24	52	女性	经济型	度假	休闲
消费者#25	30	男性	豪华型	商务	商务
消费者#26	27	男性	经济型	商务	商务
消费者#27	27	男性	豪华型	度假	休闲
消费者#28	55	男性	豪华型	商务及度假	商务
消费者#29	31	女性	中档型	家庭寄宿	休闲

四、访谈提纲

Veal（2011）指出，深度访谈可以以半结构化的方式进行。半结构化访谈提纲可以用来引导消费者（酒店管理者）讨论消费者体验（酒店管理者想要提供的体验）（Hilton et al.，2013）。受访者的回答可能超出研究人员的预设。因此，半结构化访谈既可以使研究人员进行直接访谈，也为新可能性提供了灵活性（Morris，2015），例如，在深度访谈过程中，研究人员可以鼓励受访者解释他们的答案，从而追问一些有价值的问题（Veal，2011）。半结构化访谈问题是在先前研究的基础上设计的（Eriksson et al.，2007；Knutson et al.，2009；Lin et al.，2011；Meuter et al.，2000；Schmitt，1999）。

本研究分别针对酒店管理者（见附录A.1）和消费者（附录A.2）设计了相应的访谈提纲，旨在探讨不同服务交付阶段的自助服务技术和人工服务的使用情况及体验。例如，“作为酒店管理者，您偏好通过哪种渠道（手机入住、自助入住机、前台或者其他服务渠道）为消费者办理登记入住”等问题，旨在达成研究目标一，即揭示在酒店服务过程中，消费者和酒店管理者在多大程度上偏好自助服务技术。“您偏好通过哪种渠道（机器人还是服务员）为消费者递送客房服务？为什么？”等问题，旨在达成研究目标二，即确定影响消费者和酒店管理者在酒店服务过程中对自助服务技术偏好的体验因素。“通过使用这种服务渠道，您觉得您会获得什么样的体验”等问题，旨在达成研究目标三，即深入了解消费者的自助服务技术体验。

第三节 数据分析

内容分析法（content analysis method）是基本的分析形式，是系统地、客观地分析信息的独特特征来进行推断的方法。内容分析法是查明访谈文本特征（Jones，1995）并揭示潜在含义、偏见、价值观和观点（Holsti，1969）的常规方法。Holsti（1969）提到，内容分析法对于分析访谈非常有用，因为它可以通过分类和探索主题来解释对话信息。具体来说，内容分析是指系统的文本检查，包括分析材料的形式、模式和实质（Holsti，1969）。因此，本研究采用内容分析法来解释从深度访谈中收集的数据。

内容分析可以通过不同的方式进行（Jones，1995），如利用扎根理论的编码流程（Holsti，1969）。如图 3-3 所示，数据分析通常涉及五个阶段（Creswell et al.，2007）：第一阶段是对收集的数据进行整理；第二阶段是探索数据以形成对信息的一般和整体理解；第三阶段是对数据进行详细分析或编码，以识别并提取类别和概念；第四阶段是根据确定的类别和概念展示数据分析结果；第五阶段是验证数据的有效性。

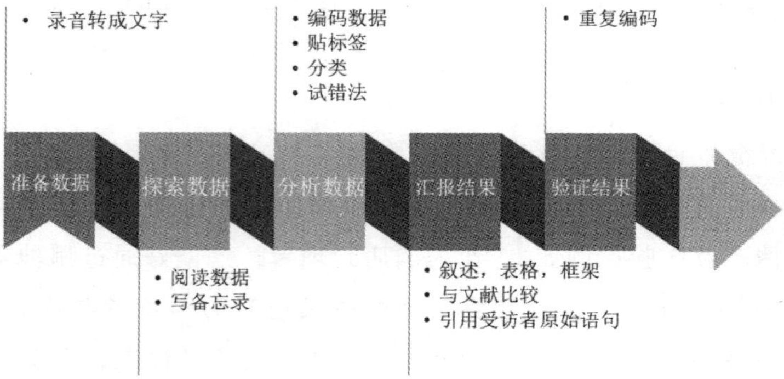

图 3-3　数据分析步骤

尽管数据分析的方法不尽相同，但均须遵循三个黄金法则。第一，需要牢记研究目标以指导数据分析。第二，研究人员必须反复查看数据以熟悉信息。第三，要将数据与文献进行对比（Waller et al.，2016）。基于上述基本步骤和规则，本研究按照以下五个步骤来进行内容分析。

第一，将访谈录音转变为文字稿（Creswell et al.，2007）。在本研究中，我们聘请了一家专业转录公司来转录深度访谈录音，研究人员随后对文字稿进行了逐字检查。在对数据进行编码之前，研究人员通过反复阅读和撰写备忘录来探索转录文本，以获得丰富的信息。

第二，数据分析从对转录文本进行编码开始，编码是对原始数据单元进行系统分组和标记的过程（Creswell et al.，2007；Holsti，1969）。五种记录数据单元包括单个单词或符号、主题、字符、句子和段落等。本研究采用主题法来进行编码，将"关于某个主题的单一论断（a single assertion about a subject）"归为一个主题，这对于探索价值和偏好是必不可少的（Holsti，1969）。

第三，将编码分为不同的类别（Holsti，1969）。Holsti（1969）设计了五个基本原则来指导类别构建：①类别必须能够反映研究目标；②类别具有详尽性，这意味着所有代码都可以被归到其中一个类别中；③所有类别都是互斥的，也就是说，每个编码只能被分到一个类别中；④类别具有独立性；⑤类别必须源自单一分类原则，也就是说，为了统一，类别必须建立在统一的分类原则的基础上。鉴于缺乏标准化的分类方案，本研究采用试错法来构建适当的类别。具体而言，本研究的类别构建包括来回移动、检查临时类别的有用性，并根据内容进行调整（Holsti，1969），即研究人员根据相似性和差异性不断调整编码和分类，直到所有研究人员达成共识（Harding，2013）。最终，本研究确定了影响消费者和酒店管理者偏好的六类因素，即环境因素、组织因素、渠道因素、任务因素、消费者差异，以及消费者体验。

第四，总结汇报文本分析的结果。以叙述、图表和框架的形式呈现结果（Creswell et al.，2007）。通过与先前文献的比较和引用受访者的原始话语，对分类进行论证。

第五，确保数据分析结果随时间变化的一致性，确保了数据分析的可靠性（Prothro，1956）。也就是说，为了保证数据的可靠性，本研究进行了多次数据分析。针对消费者访谈数据的初始编码于2018年5月至8月完成，而重复分析于2018年11月进行；针对酒店管理者访谈数据的第一轮数据分析于2018年8月至9月完成，而第二轮数据分析于2018年11月和2018年12月进行。通过重复性的数据分析，可以确保即使时间变化，数据分析结果也始终保持一致（Prothro，1956）。

第四章　酒店服务交付过程中的智能化新技术应用

通过对访谈文本进行内容分析，本研究首先描述了酒店管理者和消费者在8个不同的服务接触场景中对不同服务交付渠道的偏好，并识别了影响受访者偏好构建的因素。本章将首先总结国内外酒店业新技术应用的发展历史，而后介绍不同酒店服务接触场景中的智能化新技术，进而分析受访者在不同服务接触场景中的偏好，以作为后续探究受访者偏好构建的基础。

第一节　国内外酒店业智能化新技术应用的发展历史

一、酒店业技术应用的发展历史

技术的出现深刻地改变了服务交付渠道。依赖于技术的新服务交付渠道应运而生。回顾酒店领域的技术应用历史，有利于我们加深对自助服务技术的理解。

在回顾了酒店、在线旅行社（OTA）的历史和现有文献后，本研究将酒店领域的技术应用归纳为三个阶段。1946年，贝斯特韦斯特国际酒店（Best Western Hotel International）成立，他们通过服务台接线员使用的电话建立了一个“推荐系统（referral system）”。次年，纽约市的罗斯福酒店（Roosevelt Hotel）在客房安装了电视。这也是全球首家在客房安装电视的酒店，酒店业技术应用由此进入起步阶段。1948年，希尔顿首次引入多酒店预订系统，开启了现代预订系统的应用。1965年，假日酒店推出了全球首个电脑联网预订系统Holidex[①]。20世纪40年代到80年代是酒店业技术应用的起步阶段，主要是基于电话提供预订服务。

---

①IHG Hotels & Resorts.Our history.[EB/OL].[2023-10-23].https://www.ihgplc.com/en/about—us/our—history.

进入20世纪90年代，众多酒店纷纷建立自己的网站，同时第三方酒店预订网站也不断出现。例如，1991年，Hotels.com成立；1995年，Hilton.com和ChoiceHotels.com相继成立。ChoiceHotels.com是全球酒店业第一个提供可实时访问的中央预订系统网站①。这一阶段是酒店业技术应用的发展阶段，网站服务实现了迅速发展。

2009年，ChoiceHotels发布了第一个移动应用程序。云服务、智能化服务也在2010年左右逐渐兴起。与此同时，移动技术和人工智能蓬勃发展。这一阶段是酒店业技术应用的繁荣阶段（见图4-1）。

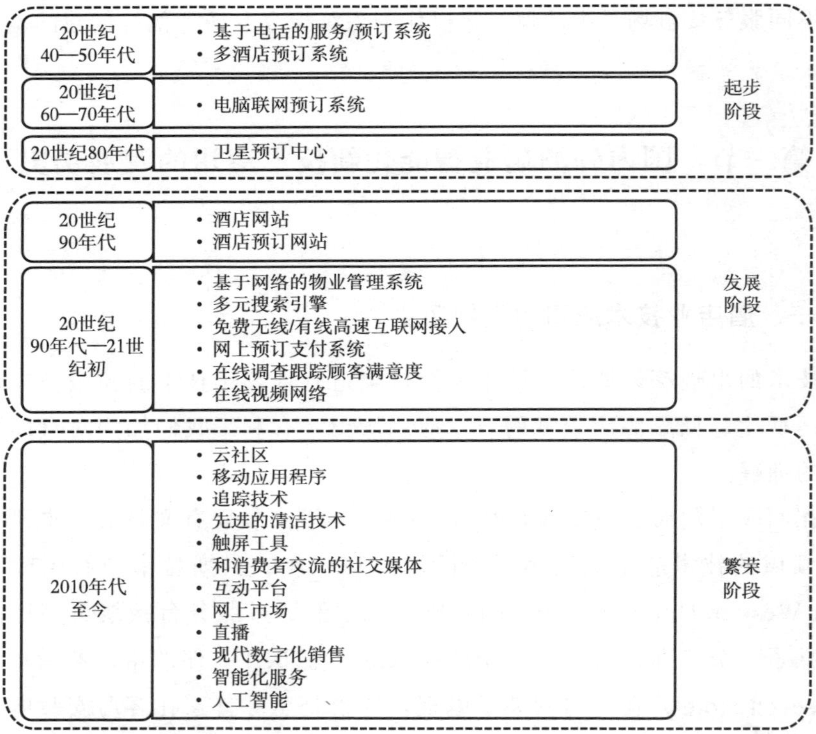

图4-1 酒店业技术应用发展历史

二、中国酒店业技术应用的发展历史

在我国，携带智能手机而不是钱包出门已司空见惯。人们更偏爱通过

① ChoiceHotels. A History of Innovation [EB/OL]. [2023-10-23]. https://www.choicehotels.com/about/corporate－history.

支付宝或微信来支付一切费用。很少有人继续通过传统方式，将银行卡递给前台服务人员来支付住宿费用，他们习惯于自行使用智能手机支付系统完成交易。自助服务技术似乎改变了中国的酒店服务方式。

尽管我国酒店在自助服务技术的应用上起步较晚，但发展迅速。从我国酒店业技术应用的发展历史（见图4-2）可以看出，技术已经为传统服务带来了翻天覆地的变化。2002年，如家推出了全国免费预订热线800-820-3333。2005年，中国第一个旅游搜索引擎——去哪儿网成立。同年，如家酒店开通了网上预订支付系统。2007年，汉庭酒店开通了网上预订服务。2010年，“携程无线”手机网站正式上线。同年，华住集团开通手机预订网站m.htinns.com。2011年，华住集团推出了手机客户端在线预订服务，并于2014年开始尝试推行自助入住终端。2015年，阿里旅行·去啊正式发布“未来酒店”战略，以“先入住后付款，无须担保零押金，离店时也无须排队”为特色。2016年，“未来酒店2.0”发布，主打通过自动化和智能化的入住体验提升用户入住舒适度，包括VR选房、智能门锁系统、人脸识别入住登记等。

2017年，腾讯公司联合艺龙、住哲等合作方共同推出“微信生态酒店”，基于微信首推“刷脸入住”功能。同年，中国第一家无人酒店（共享睡眠舱）在北京中关村正式迎客，其特点是“共享睡眠”、24小时营业、没有服务员、没有押金、完全自助服务。2018年，阿里巴巴集团旗下的菲住布渴酒店正式开业。这是一家采用全场景人脸识别技术的科技型高端酒店，通过“菲住布渴”手机App或酒店大堂的自助入住终端办理登记入住，即可享受全酒店人脸识别的便捷体验和机器人服务。2019年，华住集团发布汉庭3.0，其亮点之一就是采用了华住集团自主研发的集预订、支付、地图选房、人脸识别、房卡自取等功能于一体的自助入住设备——“华掌柜”。此外，汉庭3.0还增加了电子房卡、前台AI智能机器人、送货机器人、休闲自助贩卖机、智能客房语音系统“Hello华住”等智能化新技术服务设施，以提高消费者的住宿体验[①]。2020年，华住集团开始推行智能化无接触服务。

①汉庭3.0惊艳亮相，高颜值+高科技开启国民住宿新体验[EB/OL].[2023-10-23].https://www.sohu.com/a/326661257_683313.

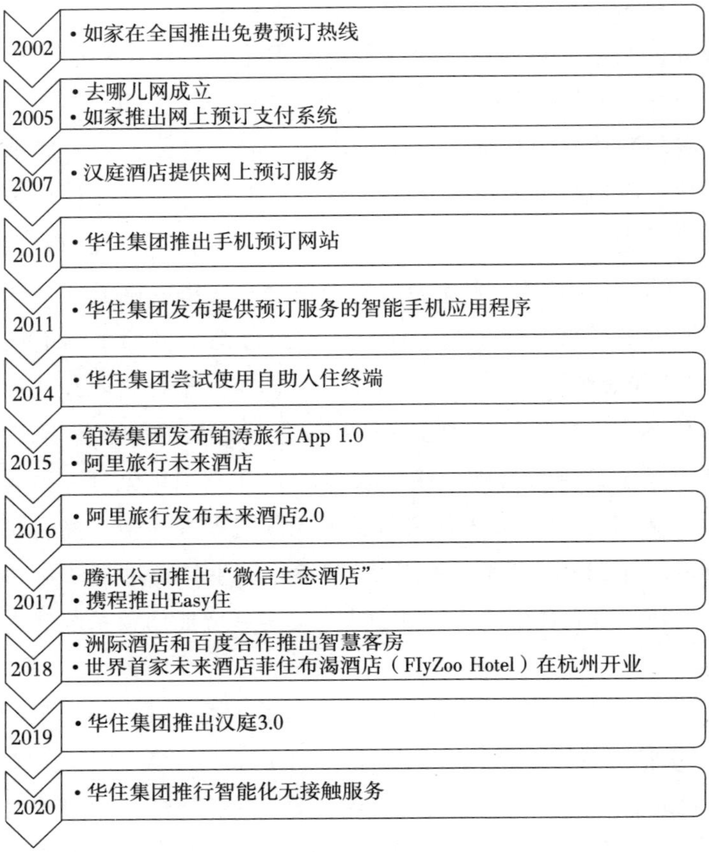

图 4-2　中国酒店业技术应用的发展历史

第二节　酒店服务交付过程中的智能化自助服务技术

在第二章，基于Meuter（2000）等的工作，本研究提出了酒店智能化自助服务技术的分类（见表2-2）。在此基础上，根据深度访谈结果，本研究修正了酒店智能化自助服务技术的分类（见表4-1）。原来的五个界面被浓缩为四个界面，即互动终端、电视、智能手机/平板电脑和人工智能。酒店服务交付由原来的三个阶段（入住/退房、客房和餐厅）扩展到五个阶段（入住/退房、使用房间设施、预订客房/餐厅服务、递送客房/餐厅服务和开发票)。客房被拆分为三个服务接触：使用房间设施（如开关电视、窗帘和灯具)、预订客房服务（如订餐）和递送客房服务。餐厅类似地被分为预订餐厅服务（如点餐）和递送餐厅服务（如上菜)。考虑到客房服务预订和餐厅服务预订的自助服务技术类似，因此这两项被合并，标记为“预订客房/餐厅服务”。类似地，递送客房服务和餐厅的服务递送被合并，标记为“递送客房/餐厅服务”。

表4-1　酒店不同服务接触场景的智能化自助服务技术

界面	酒店服务过程				
	入住/退房	使用房间设施	预订客房/餐厅服务	递送客房/餐厅服务	开发票
互动终端	自助入住/退房终端； 人脸识别终端	控制面板； 远程遥控器	不适用	不适用	发票一体机
电视	电视退房系统	不适用	电视预订系统	不适用	不适用
智能手机/平板电脑	移动登记入住/退房； 手机开门； 在线选房	手机App控制房间设施； 移动平板电脑控制房间设施	智能手机预订系统； 移动平板电脑预订系统； 触摸屏预订系统	不适用	通过智能手机扫描二维码
人工智能	礼宾机器人	智能语音管理系统； 智能灯； 智能马桶	智能语音管理系统	机器人	不适用

在我国，在国家税务总局对发票有严格的规定，自2017年7月1日起，购买方为企业的，必须提供纳税人识别号或统一社会信用代码才能获取增值税发票。基于此，本研究将开发票从退房阶段单独提取出来，作为一项新的服务接触场景。

根据深度访谈修订后的分类比第二章中根据先前文献进行的分类（见表2-2）更清晰，可以更全面地展示酒店服务交付过程中的智能化自助服务技术。图4-3至图4-5是酒店智能化自助服务技术的一些示例。

自助入住/退房终端

人脸识别终端

电视退房系统

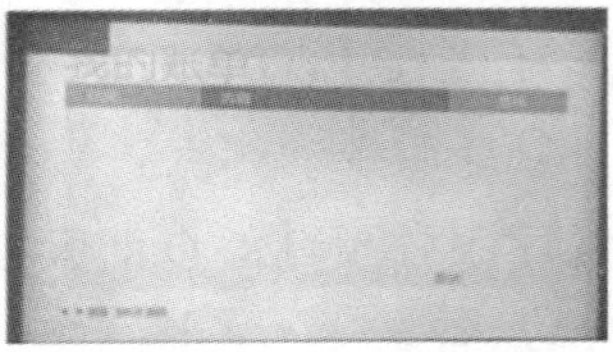

手机 App
登记入住

手机开门

在线选房

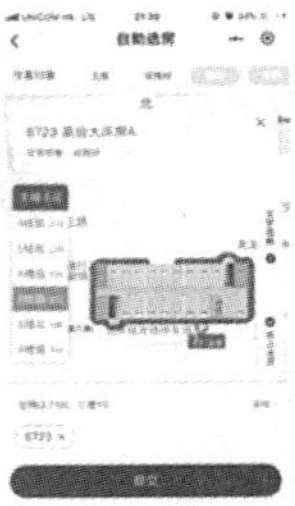

礼宾机器人

引路机器人

图 4-3　入住/退房服务接触期间的智能化自助服务技术示例

（注：以上照片部分由作者本人及朋友拍摄，部分来源于网络。）

手机 App 控制房间设施

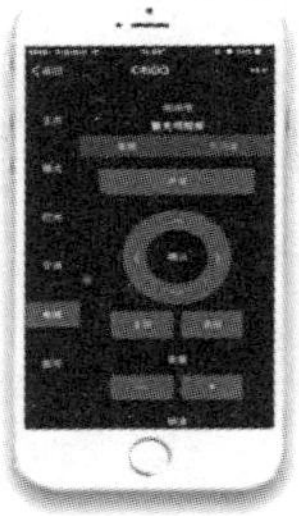

窗帘遥控

手机 App 点餐系统

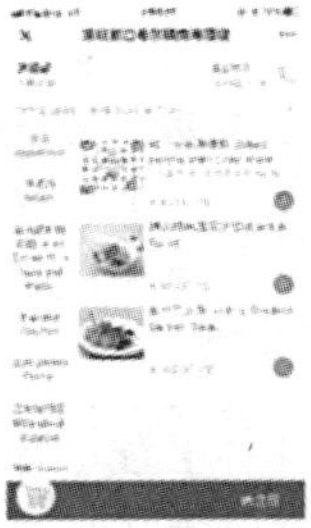

递送客房服务的机器人

控制面板控制
房间设施

移动平板控制
房间设施

智能语音控制
房间设施

电视预订系统

图 4-4　客房服务接触期间的智能化自助服务技术示例

（注：以上照片部分由作者本人及朋友拍摄，部分来源于网络。）

开发票二维码

手机扫描二维码后
出现的界面

增值税发票示例

图4-5　开发票二维码示例

（注：以上照片由作者本人截图或来源于网络。）

第三节　不同服务交付场景中的服务渠道偏好

一些消费者和酒店管理者建议，酒店应根据服务交付阶段的不同有选择地使用自助服务技术，而不是盲目地用自助服务技术取代所有人工服务。消费者和酒店管理者并不喜欢全是自助服务技术的酒店，而且他们对技术的偏好在整个酒店服务交付过程中有所不同。

一、不同服务交付阶段的消费者偏好

消费者对自助服务技术和人工服务的偏好因服务接触场景而异（见附录B.1）。消费者#15表示，她更喜欢移动登记入住，但倾向于前往前台办理退房并获取发票。而在使用房间设施和预订客房服务方面，她更喜欢智能语音管理系统。同时，她希望有服务人员帮助她在餐厅完成点餐（见图4-6）。此外，她更喜欢由服务人员提供客房服务，但在餐厅的服务递送方面，她认为机器人或服务人员都是可以的。消费者#26则更喜欢前往前台办理登记入住，且希望由前台服务人员为他提供发票，但他更喜欢通过智能手机完成退房。在使用房间设施和预订客房服务方面，他更喜欢智能语音管理系统，但他希望由服务人员来为他完成服务递送。这两个例子表明，消费者对自助服务或人工服务的偏好不是“A 或 B”的二进制选择，而是渠

道排序，即根据不同的服务接触场景选择不同的服务。总体而言，与人工服务相比，受访的消费者更喜欢自助服务，特别是在控制房间设施和退房方面（见图4-7）。然而，在服务递送方面，消费者对自助服务和人工服务的偏好几乎相同。

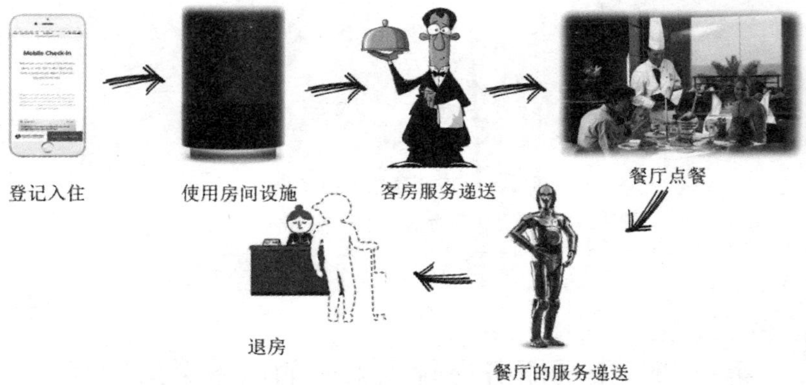

图4-6　消费者#15在不同服务接触场景对自助服务和人工服务的偏好

（注：以上照片由作者拍摄或来源于网络。）

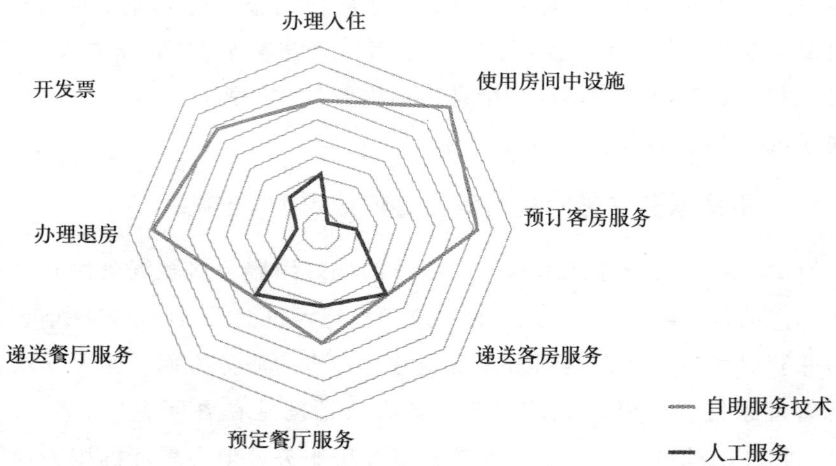

图4-7　消费者对自助服务和人工服务的偏好比例（*n*=29）

二、不同服务交付阶段的酒店管理者偏好

相较于受访的消费者，受访的酒店管理者较少直接表达他们的偏好，他们倾向于阐述偏好自助服务技术的条件。一些管理者也表达了他们对在

不同服务交付阶段自助服务技术或人工服务的偏好（见附录B.2）。总体而言，他们更喜欢将自助服务技术与传统前台服务相结合，以便让消费者自己选择如何办理登记入住。同时，他们更喜欢将自助服务技术用于控制房间设施、预订客房服务、退房和开发票。在服务递送方面，他们更希望让服务人员在餐厅负责上菜，让机器人提供客房服务。这些偏好与受访消费者所表达的偏好略有不同，受访的消费者在餐厅和客房的服务递送方面没有明显偏向自助服务技术。

第四节 本章小结

本章介绍了定性研究的部分结果。本章首先介绍了国内外酒店应用智能化新技术的发展历史，中国酒店的技术应用起步较晚，但发展迅速。随后根据定性研究的结果完善了第二章中有关当前酒店可用的自助服务技术的分类，并举例进行了说明。最后本章讨论了在不同服务交付阶段，酒店管理者和消费者对特定服务渠道（自助服务技术和人工服务）的偏好。数据分析显示，消费者和酒店管理者在服务交付过程中对服务渠道的偏好是不同的。

第五章　酒店服务交付过程中的智能化新技术体验

基于对访谈文本的内容分析，本研究确定了影响消费者和酒店管理者偏好的六大前因，即环境因素、组织因素、渠道因素、任务因素、消费者差异，以及消费者体验。

第一节　环境因素

环境影响消费者和酒店管理者对自助服务技术的偏好。一位受访的经理（酒店管理者#13）指出，环境因素可能会抑制或促进使用自助服务技术的偏好，“自助服务技术的应用符合整体环境和趋势”。此外，受访者还指出应用自助服务技术可能带来的影响，包括人情冷漠和环境保护。与消费者相比，酒店管理者会更多地考虑环境因素。

一、公众准备

公众准备是指公众是否已养成使用自助服务技术的消费习惯，以及消费者的素质是否足以让酒店信任，从而使酒店应用自助服务技术。

1. 消费习惯

酒店管理者和消费者提到，自助服务技术在社会上的受欢迎程度及公众使用自助服务技术的习惯对他们的自助服务技术偏好产生了积极影响。他们认为，随着自助服务技术变得更加普遍，他们对自助服务技术的偏好也会加强。受访者还注意到，消费者在日常生活中使用自助服务技术的习惯会促进他们使用酒店的自助服务技术。酒店管理者指出，如果消费者在日常生活中已经养成了使用自助服务技术的习惯，那么酒店自助服务技术的使用“只是将他们的日常习惯带到了酒店住宿的过程中”（酒店管理者#2）。一些受访的消费者直接表示，在酒店使用自助服务技术更符合他们的生活方式（如消费者#15）。

相反，消费者使用人工服务的倾向、自助服务技术的非普及性，以及对自助服务技术的不熟悉抑制了他们使用自助服务技术的偏好。例如，消费者#8表示，她更喜欢在房间里使用智能手机点餐，因为她习惯使用智能手机叫外卖，但在住宿期间，她不喜欢智能音箱，因为她不熟悉此类产品。即便如此，她提到她可能会在未来使用智能音箱。10位酒店管理者提到，酒店可以通过适当的宣传培养消费者使用自助服务设备的习惯。酒店管理者#6指出："在我们的介绍和帮助下，消费者逐渐开始使用自助服务终端获取发票。"

2.不当行为

消费者的不当行为影响了酒店管理者对自助服务技术的偏好。消费者的不当行为越少，酒店管理者越有可能使用自助服务技术。然而，当前消费者的不当行为仍然存在，阻碍了酒店对自助服务技术，尤其是便携式设备的应用。一些酒店管理者担心便携式自助服务设备丢失，因为一些消费者可能会带走这些便携式设备："我（酒店管理者#21）最担心的不是自助服务技术是否适合我们，而是平板电脑是否会被盗。"酒店管理者#15以超市为例，解释了不当行为的负面影响。由于一些消费者的不当行为，超市对消费者的信任度较低，这也是为什么在消费者进入超市前，超市会要求他们寄存行李（以防止盗窃）。

二、社会价值观

普遍的社会价值观也会影响受访者的偏好。如果他们期待自身的行为能够为环境保护做出贡献，他们会更喜欢自助服务技术。数据分析结果表明，酒店管理者和消费者期望智能设备对环境产生积极影响。例如，酒店管理者#8更喜欢使用平板电脑点餐的原因之一是这样可以减少对环境的破坏，而纸质菜单会浪费森林资源。与此类似，很多消费者更喜欢使用智能手机开门，因为这可以减少房卡需求，进而有利于环境保护。

此外，受访的酒店管理者提到，自助服务技术的应用可能会造成人情冷漠，从而降低他们对自助服务技术的偏好。在他们看来，人是情感动物，使用无感情的技术可能会让人们之间缺乏情感联系。

"如果有一天全世界都用机器人来服务，我想人们会更加冷漠。这就是问题所在。从人类学的角度来看，人类是社会性和情感性的动物，而不是

机器。我认为这无疑是技术发展对整个人类文明的负面影响之一。”（酒店管理者#22）

三、政府监管

1. 入住规定

尽管酒店管理者#4提到政府重视人工智能的发展，但更多酒店管理者提到的是政府有关登记入住的规定对自助入住技术应用的负面影响。政府要求酒店实时上传客人的身份信息，这一规定被认为是自助入住技术在中国普及的较大障碍之一。在酒店管理者看来，自助入住技术已经很成熟了。一旦政府放宽登记入住的相关规定，自助入住技术的应用将会激增。但一些酒店管理者也提到，一些地方政府（如杭州市政府）已寻求与科技公司和酒店合作，测试自助入住技术在酒店中应用的可行性。

此外，一些地方政府要求酒店安装人脸识别终端，以取代人工服务的人脸比对。消费者和酒店对这类机器持有不同的态度。酒店管理者#5表示他不喜欢这类机器，因为消费者有时会很反感。酒店管理者#28和消费者#25则表示，他们并不介意，因为身份验证和上传身份信息是法律法规的强制规定。

2. 付款规定

在我国，如果没有持卡人签名和密码，则无法使用信用卡。也就是说，我国的信用卡不能自动放款，“如果不解决这个问题，酒店似乎就不能推出手机登记入住”（酒店管理者#8）。然而，得益于我国在线支付和移动支付的快速发展，自动支付正在成为现实。许多酒店允许消费者在线支付房间费用，并且不需要押金。因此，支付问题可能会在不久的将来得到解决。正如消费者#12提到的：“（技术）支持预付款。也就是说，可以预付房费。只要没有其他需要去前台办理的业务，就可以采用（自助办理登记入住）。”

四、行业发展

“（机器人的使用）取决于整个行业的发展”（酒店管理者#6）。受访的酒店管理者表示，其他行业的自助服务技术应用促使他们采用自助服务技术。他们认为，向其他行业学习很重要。酒店管理者#2分享到，既然外卖让人们可以躺在沙发上点任何他们想要的东西，酒店当然也可以这样做。

同行之间的效仿和学习对自助服务技术的使用也产生积极影响。15名酒店管理者提到，如果他们的竞争对手或同行开始使用自助服务技术，他们将不会落后。除了竞争压力外，同行成功实施和应用自助服务技术也会使酒店对成功应用此类技术更有信心。一些酒店管理者（如酒店管理者#29）表示，他们没有精力成为第一家测试新的自助服务技术的酒店，但如果他们的同行验证了使用这些设备的有用性和好处，他们会考虑引入此类新技术。

此外，服务的性质影响消费者和酒店管理者对自助服务技术的偏好。从酒店管理者的角度来看，酒店服务是以人为本的服务，需要具有人性化。“服务行业更多的是人与人之间的沟通，而不是流程化或程式化的工作”（酒店管理者#3）。消费者也认为酒店服务是以人为本的服务，并期望由人来提供服务。在他们看来，酒店应该包办一切，而不是将责任通过自助服务技术转嫁给消费者。此外，仪式感也是消费者偏好传统服务的原因之一。消费者#15提到，将房卡归还给前台标志着她的住宿结束了。

五、技术发展

受访者表示，他们对服务渠道的偏好取决于技术发展的方向和程度。技术的发展趋势迫使一些管理者采用自助服务技术。

“当科技发展的时候，不是我们考虑用不用的问题。当它出现的时候，它会触及每一个人，包围每一个人，到最后即使你不用它，不拥抱它，它也会拥抱你，你根本无处可逃……当所有的App都安装到了你的手机上，你还会轻易把它卸载掉吗？只要是为你的生活方便服务的，为你的时间节省服务的，你都无法拒绝。你逃不过科技的拥抱。”（酒店管理者#14）

尽管如此，目前大多数自助服务技术都不够成熟或发展不佳。自助服务技术的操作仍然需要人力参与，这会降低受访者对自助服务技术的偏好。酒店管理者#21表示，机器人依靠人来准备它们应该交付的货物。消费者#5则认为当前的自助服务技术提供的是“半自助服务”，而不是纯粹的自助服务。

六、劳动力问题

深度访谈结果显示，劳动力问题影响了酒店对自助服务技术的偏好。尽管4位酒店管理者担心应用自助服务技术可能会导致未来出现高失业率，但使用自助服务技术可以帮助缓解劳动力短缺、员工高流失率等问题。与技术成本相比，较高的劳动力成本也促使酒店偏爱自助服务技术。尽管一些酒店管理者担心与自助服务技术相关的投资和维护成本，但其他酒店管理者也指出技术的发展将降低这些成本，特别是当自助服务技术开始规模化时。有趣的是，消费者#11和消费者#13也从酒店角度表达了对智能化新技术投资成本的担忧，这可能是因为她们在酒店行业工作。

相比之下，消费者#13和消费者#19认为我国的劳动力并不是稀缺资源，目前的劳动力成本并不像美国等其他国家那么高。因此，中国的酒店用自助服务技术取代人工服务是不合适的。消费者#19进一步解释说，她已经为酒店的人工服务付过钱了，因此酒店不应使用自助服务技术来节省劳动力。

第二节　组织因素

组织因素抑制或促进消费者和酒店管理者对自助服务技术的偏好。酒店管理者通常会比消费者更多地考虑组织因素，包括酒店特征、兼容性、高层管理人员的支持、酒店的预期效益和技术公司的支持。与酒店管理者类似，消费者也表示酒店的预期效益会影响他们的偏好。

一、酒店特征

酒店管理者和消费者认为客流量大的新建酒店、商务酒店和非豪华酒店更适合自助服务技术。新建酒店被认为适合采用自助服务技术有两个原因。首先，在已建成的酒店开业时，自助服务技术尚未普及，因而未引入自助服务技术。一位酒店管理者（酒店管理者#1）解释说："因为这个酒店已经开业两年多了，将近三年。那个时候还没有大范围推广（自助服务技术），所以还没有引入（自助入住服务）。"其次，重建酒店硬件或开放端口以满足自助服务技术运营条件需要投入大量的金钱和时间，新建酒店可在设计时就考虑应用自助服务技术的各种条件，因而更适合应用自助服务技术。

酒店规模的影响取决于自助服务技术类型。就自助入住/退房服务而言，酒店的房间越多，越适合应用自助服务技术（尤其是客流量大的酒店）。正如消费者#24所指出的，此类自助服务终端可以减轻前台的压力。然而，一些酒店管理者担心自助服务技术是否拥有处理600间客房工作量的能力（酒店管理者#22）。关于电视预订系统等客房内的自助服务技术，酒店管理者认为并不适合大型酒店，因为在大型酒店的每个房间都安装电视预订系统的成本过高（酒店管理者#13）。酒店管理者#2和酒店管理者#22认为，自助服务技术通常适用于拥有100—150间客房的酒店。

此外，数据分析结果显示，酒店管理者和消费者对自助服务技术的偏好与酒店的定位相关。他们认为，酒店应根据目标消费者来决定是否使用自助服务技术。如果他们的目标消费者年轻、经常旅行，并且在日常生活中使用自助服务技术，那么这些消费者使用自助服务技术应该是没有问题的。受访者进一步表示，与度假村相比，商务酒店更适合应用自助服务技术。酒店管理者#16解释说："如果是度假酒店，不是很适合，因为有太多小朋友，跑来跑去，我们的机器人如果端着菜盘，会被打翻掉的。如果说这是一个商务酒店，我觉得可行，因为小朋友毕竟少嘛。"此外，受访的酒店管理者和消费者建议豪华酒店不要使用太多的自助服务技术。他们指出，豪华酒店应注重人性化服务，提供优质的人性化服务。消费者为豪华酒店的高质量人性化服务支付了高昂的费用，如果面对的是冰冷的自助服务技术设备，他们可能会不高兴。即便如此，豪华酒店仍应提供基于自助服务技术的服务，因为豪华酒店不应缺少经济型酒店提供的设施。消费者#16解释说："既然经济型酒店已经使用了自助服务技术，作为高档酒店，当然也得有。"

二、兼容性

自助服务技术与酒店已有系统和硬件的不兼容抑制了酒店管理者对自助服务技术的偏好。不少酒店管理者，尤其是国际连锁酒店的管理者表示，很多酒店都使用Opera物业管理系统。鉴于Opera垄断了市场，因此让该系统开发公司提供与自助服务技术对接的接口花费较大且颇具挑战性。然而，酒店管理者#3提到，阿里巴巴集团与Opera在中国大陆的代理商石基集团合作。在他看来，阿里巴巴集团（或与阿里巴巴集团合作）生产的自助服务技术或许能够解决这种兼容性问题。

另一个例子涉及自助登记入住。如前文所述，我国的酒店必须向公安机关实时上传住客的身份信息。因此，自助入住终端应与公安机关做好对接。

此外，兼容性问题也与酒店空间有关。在酒店从业者看来，自助服务技术并不像衣服或咖啡，买来就可以直接用。已建成的酒店需要考虑改造其硬件以满足自助服务技术应用的要求。正如酒店管理者#22所质疑的那样："以前的酒店都有楼梯，机器人如何行走?"这也有助于解释为什么新酒店比已建成的酒店更适合应用自助服务技术。

三、高层管理人员的支持

酒店的偏好很大程度上取决于高层管理人员，包括部门经理、总经理、酒店集团和酒店业主。酒店管理者称，高层管理人员对技术的开放态度增强了他们对自助服务技术的偏好。例如，酒店管理者#14、#15、#24和#26表示，在酒店中应用自助服务技术与他们对技术的开放态度有关，他们希望在其酒店中应用更多智能化新技术。正如酒店临时总经理#26指出的那样："首先，我很好奇。因为是我管理酒店，而我对新技术很好奇，因此我愿意尝试应用新技术。"相反，保守的管理理念会限制酒店管理者对自助服务技术的偏好。

高层管理人员的支持很重要。如果高层管理人员对自助服务技术持消极态度，那么在与其关联的酒店引入自助服务技术的可能性就比较小。一位酒店集团的营销总监（酒店管理者#22）表示，酒店管理层很难做出一致的决定，"每个部门经理都有不同的认知视角。因此，他们很难达成共识"。例如，对于是否开放自助服务技术的接口，酒店不同部门的管理者可能会持有不同的意见。营销和服务经理可能认为应该开放，而财务经理则会担心安全问题。由此，关于自助服务技术应用的分歧出现了。

关于谁应该主导自助服务技术的实施的分歧也限制了自助服务技术在酒店业的应用。这种形式的分歧可能是酒店企业复杂的垂直管理造成的。酒店管理者#3提到，"应用自助服务技术属于财务总监和总经理的职权范围。现阶段，酒店IT部门的角色并不明确，这些经理只是执行酒店集团希望他们做的事情，而非积极向集团申请引入新技术来提高酒店的运营效率。更糟糕的是，当前酒店的IT部门不够强大，无法支持或维护新技术。IT经理只能向他的直接领导（财务总监）介绍新技术，然后酒店总经理可能会与酒店业主讨论是否应用自助服务技术”。不过，一些酒店管理者提到，酒店业主可能不愿应用自助服务技术。尽管一位酒店管理者指出“面子”有利于提高酒店业主对自助服务技术的偏好，但本研究中的许多酒店管理者强调业主投资的影响。酒店管理者#28指出：“我们来决定是否使用自助服务终端，然而这需要酒店业主的投资。因此，是否应用自助服务技术最终取决于业主能否提供足够的资金。”即使酒店管理者有意愿引进自助服务技术，但如果他们的预算有限或者他们的建议被业主拒绝，酒店也不会应用自助服务技术。

此外，研究结果显示，酒店高层管理者对于酒店集团在实施自助服务技术方面的作用存在分歧。虽然酒店管理者#15表示作为一家酒店的总经理，他可以决定是否使用二维码点餐系统，但来自中档酒店的酒店管理者#5认为这类决定是酒店集团高层管理人员（如品牌首席执行官）的责任。酒店管理者#8、#24和#25一致认为，自助服务技术应用取决于酒店集团而不是单个酒店。此外，受访的酒店管理者指出，如果集团不允许酒店使用自助服务技术，酒店的自助服务技术申请可能会在实施前就已被取消。相比之下，单体酒店可能能够更快地引入自助服务技术。

酒店集团不偏好自助服务技术可能源于其定位。例如，酒店管理者#10提到，她所在的酒店集团强调面对面的服务，因此她所在的酒店更喜欢由服务人员而不是机器人来上菜。酒店管理者#15还指出，大型酒店集团的酒店业主的多样性使新技术的引入变得复杂。大型酒店集团也更加重视安全和隐私。然而，酒店管理者#22提到，国际连锁酒店更适合推广自助服务技术。酒店管理者#6解释说，强大的技术支持和资源使得国际连锁酒店的自助服务技术应用比小型独立酒店更简单。

四、酒店的预期效益

酒店管理者和消费者指出，自助服务技术使酒店获益，从而促进了他们对自助服务技术的偏好。首先，酒店管理者和消费者都高度评价了自助服务技术的经济效益。他们认为，利用自助服务技术减少劳动力可以节省成本，同时酒店收入也会增加。此外，服务业的员工也因便利性的提高、工作量和压力的减少以及工作的简化而成为自助服务技术的受益者。酒店管理者#6解释道："发票二维码和自助开票机大大降低了前台服务人员的运营压力和工作复杂性。"酒店管理者期望技术能够提高工作效率。一些现有技术确实提高了效率，例如电子菜单。尽管酒店管理者#17提到电子菜单被闲置了，但其他酒店管理者（如酒店管理者#14、#15和#23）赞扬了电子菜单信息更新的速度以及无须打印纸质新菜单所节省的成本。消费者#1指出，使用平板电脑点餐可以节约服务人员的时间，因为服务人员无须等待消费者下单。

其次，管理的简单化和运营的便利性也促进了酒店对自助服务技术的偏好。许多管理者发现管理机器比管理人类更简单，因为不需要考虑假期、病假或解雇等劳工问题。酒店管理者#29、消费者#5和消费者#24以智能语音管理系统（如天猫精灵和小爱同学）为例，从运营角度阐述了自助服务技术为管理带来的好处。酒店管理者可以查看先前有关服务交付的数据，发现问题，从而为管理提供参考。例如，有两位消费者提到，他们在通过智能语音管理系统要一瓶纯净水时，如果水没有被按时送达，语音预订数据可以作为酒店疏忽的证据。

最后，自助服务技术有利于品牌营销，这促进了酒店管理者和消费者对自助服务技术的偏好。在酒店管理者看来，机器人等智能化新技术是吸引消费者的卖点。受访的消费者证实，自助服务技术的应用提高了消费者对酒店的接受度和满意度。消费者#14表示："自助服务技术提高了我对酒店的认可度。我认为酒店走在了技术应用的前列。"

酒店管理者#6则表达了对安全管理的担忧。他认为，移动入住可能会导致酒店不知道消费者是否已到达房间，系统的高度可靠对于解决这个问题至关重要。人力资源总监（酒店管理者#11）提出了另外一个担忧：未来，总监可能需要具备维护机器或编程的能力。因此，他建议酒店管理者积极熟悉智能化新技术，为未来做好准备。

五、技术公司的支持

受访的酒店从业者表示，技术公司的技术推广很重要。酒店管理者#17解释说："如果一些供应商向我推荐该技术，并且我认为该技术有利于提高服务质量，我会将其推荐给我们的酒店集团。"相反，如果技术公司不积极推广其产品，酒店可能就不太会主动应用智能化新技术。酒店与技术公司是否存在合作及其合作方式也会影响酒店的自助服务技术偏好。酒店管理者#5表示："如果有第三方（技术公司）合作，我会考虑用机器人提供服务。"我国常见的合作模式是技术供应商免费提供新技术，但依靠酒店来推广技术公司的技术产品，销售利润由技术供应商和酒店共享。然而，如果酒店必须支付大笔费用来租赁或购买新技术产品，他们对此类选择的偏好可能会下降。诚如酒店管理者#5所提到的："如果有合作，我可以应用它（自助服务新技术）。但是，如果你让我花钱租，出于成本考虑，我不想为此付钱。"

第三节 渠道因素

数据分析结果显示，自助服务技术与人工服务的属性均会影响消费者和酒店管理者对自助服务技术的偏好。

一、自助服务技术属性

1. 标准化

酒店管理者和消费者都批评自助服务技术缺乏客制化和个性化。他们发现自助服务技术在处理消费者需求时缺乏灵活性，导致受访者偏向于人工服务。酒店管理者#17认为："机器人，我想不管它怎么发展，哪怕再发展一百年，它也不可能像人那样灵活。人们可以灵活地处理任何事情，而机器是人设计的程序，没有可以灵活处理事情的头脑。"相反，一些消费者认为，随着技术的发展，一些新的个性化服务可能会成为现实。例如，消费者#9和#21指出，在线选房是一种新科技带来的个性化服务。

受访的消费者和酒店管理者批评自助服务技术没有情感，限制了他们对其的偏好。在他们看来，"如果把服务人员换成机器人，有点没有温度，冷冰冰的"（消费者#19）。缺乏与服务人员的互动会导致消费者产生距离感，消费者#26解释说："机器肯定是没有情感的，并且不会像人类一样给出反应。"

但其他消费者却因为一些自助服务技术而有被照顾的感觉。例如，酒店管理者#16提到，商务旅客可能会认为酒店很贴心，因为移动退房节省了他们宝贵的时间。此外，消费者对基于自助服务技术的稳定性表示赞赏。在他们看来，“机器提供的服务保持在同一水平，不太可能波动”（消费者#2）。自助服务技术通常不会在某一天提供良好的服务，而在第二天提供很差的服务。但消费者#6认为，如果用自助服务技术替换人工服务，那么酒店之间不会有任何差异，所以他不会花费高额费用入住豪华酒店。

2. 无用性

首先，受访的消费者批评了自助服务技术的不可沟通性，指出它们只是按照程序完成任务，没有机会进行双向沟通。因此，消费者在接受服务时，无法提供即时反馈或表达自己需要被满足的其他诉求，特别是之前没有提到的需求。同样，酒店也无法及时与消费者取得联系。这就减少了消费者和酒店之间的沟通。正如酒店管理者#14所说：“就是它（机器人）好像没有录音机能够录上客人对它的表扬的话，也没办法将消费者诉求反映给我们，批评的话也没办法及时反馈回来，这些信息它处理不了。”

其次，消费者和酒店管理者也对自助服务技术处理服务失败的能力表示担忧，并倾向于让服务人员解决此类问题。酒店管理者#22指出：“如果采用了机器的这种服务模式，是不是就会完全替代人的服务模式？完全取代之后，如果出现问题，怎么去解决呢？对，这个也是留给我们的一个疑问，是不是还需要人再通过传统的方式来解决现场的一些问题，这是很大的一个问号。”

类似地，消费者也倾向于用人工服务处理服务失败，否则他们可能会感到无助：为什么没有人来帮我？（消费者#22）

再次，消费者和酒店管理者认为当前自助服务技术的功能过于简单。在他们看来，现在的机器人只有运输的功能，只能递送一些简单的物品，缺乏其他功能。机器人无法像服务人员一样放盘子、摆盘等，而这些任务就只能由消费者自己完成。更糟糕的是，由于机器人的容量有限，有可能不能递送某些物品。例如，机器人可以送拖鞋，但不能送被子。此外，如果消费者需要的东西较多，那么很有可能需要机器人分多次进行递送。酒店管理者#25解释道：“机器人就那么一点大，不像人可以左手夹着被子，右手夹着枕头。”消费者和酒店管理者都希望自助服务技术具有更多功能，

“智能机器人的功能更齐全一些的话，可能更多人会选择用它”（酒店管理者#26）。

最后，自助服务技术涉及信息和系统的更新。消费者对自助服务技术的偏好，很大程度上取决于信息和系统的更新速度。他们认为，相较于服务人员提供的信息，自助服务技术所提供的信息可能不够及时。例如，消费者#18提到，由于可选房间的信息没有及时在线更新，她没有选到自己心仪的房间。消费者#20则提到，她等了40分钟房间才准备好。技术系统更新也是一个问题。消费者#5指出，不断发展变化的技术可能会让消费者感到不舒服，因为他们需要不断适应变化。科技的不断更新带来的技术更新成本也抑制了酒店对新技术的应用。尽管如此，消费者#10和酒店管理者#14认为自助服务技术更新将带来积极影响。在他们看来，技术会逐渐变得成熟和完善。

3. 易用性

受访的消费者和酒店管理者表示，感知易用性、用户界面和对消费者的要求影响了他们的自助服务技术偏好。如果自助服务技术易于使用且界面简洁，他们会更喜欢它。相反，如果自助服务技术使用起来很难或界面很复杂，他们对此类技术的偏好就会减弱，从而继续使用人工服务。

自助服务技术是否对消费者有所要求也会影响消费者的偏好。受访者提到，某些自助服务技术（如自助退房）仅适合具有某些技能的个人。酒店管理者#18表示：“不是每个人都可以（自助退房）。如果您是常客，那么可能会（对自助退房）比较熟悉。”以机场自助值机为例，消费者#13列举了消费者使用自助服务技术的三个条件：操作技能、意愿和年龄。如果消费者不满足这些条件，他们在使用自助服务技术时就很容易遇到困难，导致时间浪费、效率低下，并最终影响消费者体验。消费者#23举例说：“如果你不知道如何操作开发票一体机，你就只能在那里等，等人来教你如何操作。”

4. 可靠性

1名酒店管理者和11名消费者认为自助服务技术比传统服务更可靠。相较于人工服务，自助服务技术更不容易出错，而且此类设备很准时，有效保证了服务质量。此外，消费者和酒店管理者还提到自助服务技术全天可用。酒店管理者提到，自助服务技术能够“随叫随到”，不需要休息，不会生病，不会辞职。因此，酒店客人可以随时享受自助服务技术的服务，这促进了消费者和酒店管理者对自助服务技术的偏好。其中消费者#20指出，移动入住/退房使她能够随时随地办理入住或退房：“我绝对更喜欢（移动入住）。为什么？因为大众对手机的依赖性越来越强，我们的生活已经离不开它了。如果我能在去酒店的路上办理入住，那么当我到达酒店时，我就可以直接去我的房间。”

对比之下，消费者#19、#22和#25表达了对机器人在送餐方面的可靠性的担忧，而消费者#7和#16则担心自助结账时账单的准确性。

二、人工服务属性

1. 高度人性化

受访者倾向于强调服务人员的灵活性，他们善于满足消费者需求。酒店管理者#7指出，“人是不同的。消费者需要不同的服务，而机器人不够灵活。相反，服务人员可以满足消费者的需求”。同样，酒店管理者和消费者都强调人工服务的个性化。消费者#15认为：“服务人员可以满足消费者的个性化需求。也就是说，当你有要求的时候，可以向服务人员寻求帮助。”

人工服务也被认为比自助服务技术更加人性化、友好和贴心。受访者认为，人们对服务人员的偏好超过了自助服务技术，因为“除了满足消费者的需求之外，服务人员还带来了更多的关怀和温暖”（酒店管理者#7）。消费者#20谈到：“例如，人工服务可能会询问消费者还需要什么。这样，消费者就会有一种被关心的感觉。”相反，“机器人不太可能提供这种人性化、贴心的服务。而且，现在这个时代，最令人感动的，就是一些贴心的东西，比如说我们给客人手写了一张纸条，客人就会觉得很开心”（酒店管理者#18）。

然而，消费者和酒店管理者都批评人工服务的不稳定性。他们发现，人工服务的服务质量与服务人员的情绪、专业精神和外部因素密切相关。例如，原本令人满意的人工服务可能第二天因为服务人员心情不好，就会变得令人非常不满意。糟糕的人工服务会导致消费者偏好自助服务技术，而优秀的人工服务则会使他们偏好于人工服务。

2. 有用性

酒店管理者#7指出，尽管服务人员被贴上了“服务员”的专属标签，但他们的职责范围相当广泛。例如，前台服务员可能负责消费者入住、退房、回答消费者的问题及核对账单和开发票等。餐厅服务员除了帮助消费者点餐、上菜和收拾餐桌外，还必须满足消费者的多样化需求。此外，酒店管理者还提到了服务人员的同理心在解决服务失败问题时的重要性。

酒店管理者还强调了服务人员的沟通能力。酒店管理者指出，服务人员可以根据其对消费者职业、情绪、着装的判断，与消费者进行沟通，进而提供个性化服务。酒店管理者#24认为，专业的前台服务员可以通过良好的沟通将消费者的坏情绪转变为积极的情绪，而自助服务技术则不能做到这一点。此外，酒店管理者还表示，人工服务可以通过倾听消费者、与消费者交谈来满足消费者的互动需求，且消费者与服务人员的沟通更加直接。“我认为通过致电前台预订客房服务更直接。也就是说，服务人员会直接地给你回应：‘我10分钟后给您送过去’或者‘今天被子已经都借出去了。您觉得冷吗？我给您加一条毯子，可以吗？’”（酒店管理者#29）

尽管消费者也承认与服务人员的沟通更加简单直接，但一些消费者也指出有时很难联系到服务人员。例如，服务人员可能没有接到消费者的电话。

第四节 任务因素

数据分析结果显示，服务任务属性影响酒店管理者和消费者对自助服务技术的偏好。不同的服务环境会产生不同的期望和需求。根据服务任务属性和消费者需求，酒店管理者和消费者对自助服务技术的偏好有所不同。

一、服务任务属性

消费者对于服务任务复杂性对其自助服务技术偏好的影响有不同的看法，这主要取决于服务最初是否由服务人员提供（见图5-1）。

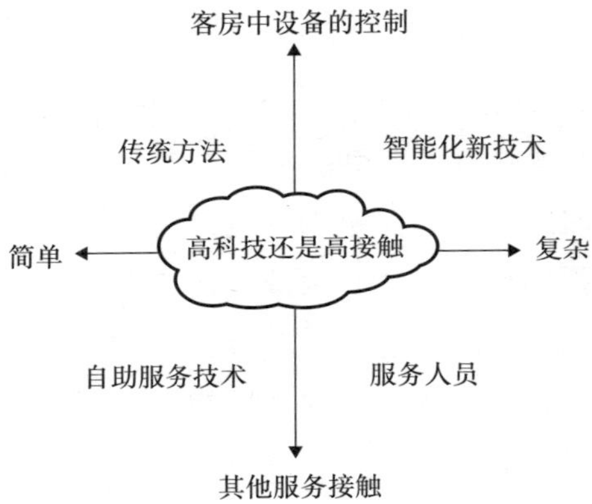

图5-1　任务复杂程度的影响

在控制房间设施方面，5名消费者表示，在可以轻松完成任务的情况下，他们更愿意使用传统方法（如手动关窗帘），而不是尝试智能化新技术。对于简单的任务，他们发现技术并没有带来显著改变。但是面对使用起来较为复杂的房间设施时，消费者更偏好智能化新技术。例如，尽管消费者#16更喜欢手动关窗帘，但她更愿意使用智能语音管理系统打开电视，因为她发现打开酒店客房的电视是很复杂的。首先，她需要找到遥控器，然后将遥控器对准电视机顶盒，按下正确的按钮。其次，不同的酒店打开电视的方式并不一样，与消费者家里电视的打开方式也可能不一样。因此，客人常常无法确定如何打开客房里的电视或找到他们喜欢的频道。在这方面，消费者更喜欢使用智能手机或智能语音管理系统（如天猫精灵）来帮助他们打开电视或找到想要的频道。

然而，在面对原本应该由服务人员完成的任务时，消费者的态度完全相反。任务越简单，消费者就越喜欢使用自助服务技术。消费者#18表示，她很乐意接受机器人运送基本物品（如毛巾），但更希望由服务人员来上菜，因为消费者对后者的要求更高。同样，酒店管理者#8提到他更喜欢使用机器人来提供简单的物品，而服务人员可以负责提供复杂的物品，比如食物。总的来说，酒店管理者和消费者更喜欢使用自助服务技术来执行简单、标准化、基础、重复和纯手动的任务。同时，他们希望保留服务人员来执行复杂或需要灵活性的任务。正如消费者#5所说："让机器人负责标准化任务很好，但我认为机器人不擅长处理灵活性事务。"

开发票是另一个例子。酒店管理者#3、#6、#14、#16、#22和#23指出，在我国，消费者必须提供纳税人识别号或统一社会信用代码等信息才能获得发票。因此，尽管大多数受访者偏好自助服务技术，部分受访的消费者（消费者#15、#17、#19和#26）仍更喜欢前台服务员帮他们输入发票信息。消费者#17表示，她更喜欢前台服务员协助是因为输入发票信息很复杂。任何信息的不准确，都会导致开出来的发票毫无用处。酒店管理者却更偏好以基于自助服务技术的方式提供发票，包括扫描二维码获取发票信息、使用开发票一体机自助开发票及提供电子发票等。

此外，消费者需要接受某些服务的频率也会影响消费者和酒店管理者对自助服务技术的偏好。受访的消费者称，由于他们很少在酒店吃饭、叫客房服务或看电视，因此他们认为在这些场景应用自助服务技术或人工服务对他们来说没有很大差别。与消费者对自助服务技术的漠不关心相比，酒店管理者#11更喜欢自助服务技术来帮助他们处理夜间的客房服务需求。在他看来，每晚的客房服务往往只有两三单，利润有限，因此自助服务技术可以在此期间取代人工服务。酒店管理者#14来自一家已用机器人取代了人工服务的酒店，他证实了机器人在夜间提供客房服务的实用性："我们减少了上夜班的人数。因此，机器人可以处理这个问题。"类似地，酒店管理者指出，消费者很少在酒店餐厅使用平板电脑点餐的原因可能是酒店主要提供自助餐，消费者没有点餐的需求。

二、消费者需求

受访者表示，他们的自助服务技术偏好会根据消费者需求而变化。消费者是否有明确或独特的需求会影响他们的偏好。如果消费者清楚地了解自己想要什么，那么他们可能更喜欢自助服务技术，正如消费者#10所说："如果我的目的很明确——例如，我想要一条毛巾，也就是说，当我知道我想要什么时，我会更喜欢（通过智能语音管理系统）预订。"

更确切地说，消费者只关心自己的服务需求有没有被满足，并不关心服务是通过自助服务技术还是通过服务人员提供的。如果消费者有特殊需求或者他们也不清楚自己的需求，他们和酒店管理者都会优先选择人工服务。酒店管理者#11表示，他更喜欢机器人提供客房服务，但在餐厅则倾向于依靠服务人员提供菜肴。他认为，客房是私人空间，服务人员一旦完成服务递送就应该离开，因此在客房服务递送过程中与消费者的互动有限。

在这种情况下，机器人就可以取代人工服务。相比较而言，在餐厅时，消费者往往有更多需求，例如临时要求加一道菜。这种情况下，由服务人员负责上菜或许是更好的选择。

第五节　消费者差异

除了任务特征外，消费者和酒店管理者对自助服务技术的偏好还与消费者的人口统计学特征、性格特征、旅行概况和先前体验有关。正如消费者#5所说："每个服务，还是要细化的，就是这个服务具体适不适合被机器取代，其实一定要细化到使用这个服务的人。"

一、人口统计学特征

受访者指出，与年轻人相比，老年人不太喜欢自助服务技术。年轻人是在信息时代长大的，更习惯（也更喜欢）技术。相比之下，老年人对自助服务技术不太熟悉。随着时间的推移，身体机能的退化也可能限制老年人对技术的偏好。52岁的消费者#24解释说，她对技术的接受速度较慢是源于身体的衰老：

"我觉得，这可能是因为科技发展，你比如说在我年轻的时候没有电子设备……所以年龄大了以后，对新事物的接受速度比较慢，包括技术发展带来的各种事物。同时，实际上有一个自然的规律，就是人，当变老了以后……这是一个自然规律，是生理变化的自然规律，你想，他老眼昏花的，再去找那个控制面板，的确是不方便。"（消费者#24）

此外，有受访的消费者提到，他们的偏好受到性别和职业的影响。消费者#11以她和她丈夫的经历为例谈道："男性会喜欢（使用智能手机控制窗帘和灯光等室内设施）。"消费者#12解释说，她对自助服务技术的偏爱源于她在酒店设计领域工作。

受访的酒店管理者强调了消费者的受教育程度、居住地和社会地位的影响。他们认为，受教育程度较高且来自一线城市的消费者更有可能喜欢自助服务技术，从而影响了他们对自助服务技术的偏好。8名酒店管理者提到，他们更愿意为社会地位较高的人士提供高品质的人工服务。在他们看来，这些客人太重要了，不适合自助服务。

二、性格特征

在这项研究中，消费者解释说他们对自助服务技术的偏好与个性有关。他们中的一些人不喜欢与陌生人交谈，正如消费者#14所解释的那样："（偏好接受机器人递送客房服务）可能与性格有关。我是一个害怕和陌生人交流的人。"一些受访的酒店管理者也提到，有些消费者不想与服务人员互动，而有些消费者则更喜欢与服务人员聊天。因此，"如果消费者期望与人沟通，那么用机器代替服务人员是不合适的"（酒店管理者#3）。

一些消费者提到，他们更喜欢服务人员帮助他们完成任务，因为他们比较懒。消费者#11说道："是的，我很懒。因此，（当我有需求时）我选择去前台。"同样，对于控制房间设施，消费者#22解释说，因为他很懒，所以他更喜欢自动化服务；消费者#25则不介意自己关窗帘，因为他很勤快；消费者#28提到，他不需要使用自助服务技术或手动操作房间内的设施，因为酒店管家会为他做所有的事情。这些发现表明，消费者越"懒"，就越有可能更喜欢便利的自助服务技术。

此外，对技术持开放态度的消费者更偏好自助服务技术。相比之下，如果消费者不懂技术，他们可能不会尝试智能化的自助服务技术。酒店管理者也认为消费者对技术的开放性态度会对其偏好产生影响。酒店管理者#26以他的表弟作为例子，指出："因为现在的有一些人群是，真的就喜欢那些（智能化新技术），像我的表弟一样，比如说这边有一个人，另一边有一个机器的话，他一定会优先琢磨这个机器。"

三、旅行概况

受访的消费者和酒店管理者还指出，对自助服务技术的偏好取决于消费者的旅行概况，包括旅行频次、旅行同伴、旅行目的和旅行安排。消费者和酒店管理者提到了旅行频次的影响，认为自助服务技术更适合那些经常旅行的人。首先，此类消费者往往很忙，不想浪费时间，因此他们可能更喜欢使用自助服务技术来提高效率。其次，经常出行的人可能更熟悉新技术。酒店管理者#24表示："（客人）频繁旅行的经历是决定他是否接受或喜欢（机器人服务）的一个非常重要的因素。”

消费者还表示，他们的偏好受到他们对酒店和目的地的熟悉程度的影响。如果他们多次光顾某一家酒店并且对这家酒店很熟悉，他们会倾向于选择自助服务，否则他们更愿意向服务人员寻求帮助。例如消费者#12提到：“比如，我对这家酒店很熟悉，我知道它的大概情况，我没什么要问的，那么我肯定会选择可以快速办理登记入住手续的方式（如自助入住终端）。”相比之下，如果消费者所在的酒店位于他们之前没有去过的地方，他们可能会向服务人员寻求推荐。还有的消费者想与陌生城市的人们进行交流，如消费者#6所表达的那样：“因为我去了一个陌生城市，我就希望……怎么说，希望跟人之间有个交流。如果都是机器的话，让我感觉挺恐怖的。就觉得你好像在一个陌生城市，就只有你一个人，这个城市跟你没有什么关系。”

此外，数据分析结果显示，消费者对自助服务技术的使用也受到他们的旅行同伴的影响。受访的消费者提到，如果独自旅行，他们可能更愿意继续使用人工服务；当与朋友或恋人一起旅行时，他们的技术焦虑会减少，他们会更愿意尝试自助服务技术。对于带孩子出行的影响，受访者看法不一。消费者#24和#28指出，带孩子旅行的消费者更有可能喜欢自助服务技术。酒店管理者#14证实了这一说法，他说：“实际使用机器人或与这些机器人交流的人，往往是与家人一起旅行的消费者。”然而，消费者#13表示，带孩子旅行时，她不喜欢使用手机开门这种自助服务。这些亲子旅游消费者的偏好不同，可能是由于他们接触到的技术类型不同。

此外，消费者和酒店管理者都提到了旅行目的对消费者偏好的影响。受访者表示，商务旅行的消费者除了追求效率外，往往没有太多的特殊需求，因此他们通常更喜欢自助服务技术。相反，休闲旅游的消费者更喜欢高度人性化的服务。有趣的是，酒店管理者#14表示，商务旅客会倾向于避免与机器人乘坐同一部电梯，这可能是因为机器人的移动速度相对较慢。

此外，两位受访者还指出自助游和跟团游的消费者在入住和退房方面的偏好差异。酒店管理者#29提到，自助游消费者比跟团游消费者更有可能偏好自助服务技术。他对自助服务设备如何处理团队游的房间分配问题有所担忧：

“如果两个人用一间房，你一定要选择谁跟你一起share嘛，对吧？有这种问题吧？那实际上呢，我们团队的入住，经常会碰到这种问题，两个人share，有些团队是一个公司的，但是他们互相可能也不认识或者不熟，是吧？（他们）来自不同的地区啊，或者是不同的分公司（的员工）啊，有时候会出现这种情况。如果是个别旅客，他们自己付费，我觉得还可以接受。但在跟团旅游市场中使用自助服务技术，情况就相对复杂。”（酒店管理者#29）

四、先前体验

消费者提到他们的偏好还受到之前使用自助服务技术的体验影响。数据分析显示，如果消费者以前没有使用过自助服务技术，他们会愿意体验该技术。例如，消费者#17说：“如果第一次肯定会，不管什么样都会体验一下（智能语音管理系统）。”“用过之后，可能就会根据自己的理性判断来决定以后选哪种（自助服务技术或人工服务）”（消费者#10）。尽管如此，一些消费者表示不愿意使用自助服务技术，因为他们从未使用过此类技术，也并未享受过相关好处。

此外，一些消费者还提到，他们之前在其他领域使用自助服务技术的经历（如在机场自助办理登机手续）影响了他们对酒店环境中自助服务技术的偏好。如果他们在其他行业的使用经验是负面的，他们可能会不喜欢酒店的自助服务技术。例如，消费者#19分享了她使用智能手机应用程序打开公寓门的经历，并表示使用该应用程序很麻烦。消费者#27则提到，他在超市使用自助结账机或在火车站打印车票时，由于Wi-Fi和数据网络的情况较差而无法打开应用程序。鉴于这些糟糕的经历，他更愿意使用房卡而不是手机来打开酒店房间的门。

第六节　消费者体验

消费者和酒店管理者表示，消费者体验在他们的自助服务技术偏好中发挥着关键作用。消费者#15解释说：“问题在于，与人工服务体验相比，（使用自助服务技术）消费者体验是改善还是下降。”酒店管理者#22也指出："因此，总而言之，只有比原来的状态更好，我才会做出是否使用这项技术的决定。"

一、自助服务技术的消费者体验

1. 审美体验

自助服务技术的拟人化影响了消费者的偏好。自助服务技术拟人化程度越高，消费者和酒店就越偏爱它们。两位消费者分享了他们使用机器人的经历，并表示他们发现机器人的声音没有吸引力或不友好，从而降低了他们对自助服务技术的偏好。除了声音之外，酒店管理者和消费者表示，自助服务技术设备的外观也会影响他们的偏好：自助服务技术设备越美观，消费者和酒店管理者就越喜欢它们。例如，消费者#9和#17表达了对机器人的偏好，他们认为机器人很可爱。相反，消费者#19不喜欢机器人，因为她认为机器人是机器，冷若冰霜。不过她表示，如果机器人能够被装饰得更好看一些，她可能会喜欢它们。简而言之，缺乏吸引力的设计会降低偏好。

酒店管理者#27提到："嗯，我认为还有另一个考虑因素——机器人的设计。如果它很简单，就像一台机器，它就不会引起人们的注意。我觉得可能需要做一些更新颖的（设计），吸引人们去尝试，甚至拍照，需要思考如何让它变得更加美丽。"

2. 情感体验

自助服务技术的使用会引发不同的情绪，包括惊喜、新鲜、舒适、愉悦、放松和遗憾。酒店管理者使用自助服务技术来为消费者提供乐趣，而消费者则使用自助服务技术来娱乐。许多酒店管理者和消费者都认为智能化自助服务技术是有趣的而不是有用的。酒店管理者#14说："现在我觉得机器人在酒店里更多是扮演娱乐角色。"消费者#4解释说："是的，我会像玩Siri一样玩天猫精灵，但我不会用它来做任何实际的事情。"

对于酒店管理者来说，智能化的自助服务技术可以给消费者带来惊喜、愉悦，并为消费者提供新鲜、愉快的体验。例如，"机器人很有趣，让消费者（感到）好奇、有意思"（酒店管理者#25）。因此，"如果机器人能给消费者带来新奇感，那么就可以引入机器人"（酒店管理者#21）。酒店管理者#14进一步解释说："我认为我们提供的服务是为了让客人开怀大笑。如果

（机器人）可以给客人带来这些东西，为什么我们不使用它呢?”消费者在使用智能化自助服务技术时确实会感到惊讶、欣喜、愉悦、新鲜。例如，消费者#21提到：“（机器人）很有趣，所以如果酒店有机器人，我一定会去体验一下。”酒店管理者#6也提到：“（我得到的）反馈是消费者很好奇，非常好奇，非常新奇，非常新鲜。他们和机器人一起玩。这就是（机器人的）作用。”

即便如此，自助服务技术仍有改进的空间。酒店管理者#14指出：“目前，机器人给人们带来惊喜的能力仍然有限。”随着自助服务技术的普及，消费者的新奇感和喜悦度可能会下降。消费者#9指出，出于好奇和新奇，他们会想尝试使用机器人。然而，在第一次尝试之后，他们可能不会积极地继续使用此类技术，因为新鲜感会逐渐消失（消费者#1、#2和#23）。一些消费者还表示，他们可能会习惯自助服务技术，并最终认为它们没什么特别的。例如，消费者#1指出：“一开始，这可能很新颖。时间长了，我们可能会习惯。”

此外，一些消费者表示，如果所有人工服务都被机器取代，他们会感到无聊（消费者#6）。事实上，消费者对不同技术甚至相同技术的感受也不尽相同。例如，消费者#8和消费者#9在使用控制面板控制房间设施时感到高兴并认为这很酷，而消费者#24对智能灯感到恼火。消费者#24指出，她很恼火，因为她没有意识到房间的灯是通过语音控制的，导致灯一直开着，她睡不着。

酒店管理者则表示他们希望提高消费者的舒适度。一些消费者分享道，自助服务技术让他们感到放松，这导致他们偏好自动服务技术。消费者#4说：“我没有义务与没有感情的自助服务技术沟通……它们当然为我服务，然后我就可以随意享受它们的服务。”此外，消费者#4还表示，她在餐厅通过自助服务技术点餐时感到很放松，因为她点餐时不需要询问服务员，也不需要等很久；她还可以更随意地与同伴交谈，因为她不想让他们的谈话被服务人员听到。消费者#1也强调了服务型机器人带来的放松：“女服务员还好。在某些情况下，男性服务员可能会让我感到尴尬。我永远不会对机器人感到尴尬。”

然而，并非所有消费者都有同样的感觉。尽管其他消费者（如消费者#7）对自助终端感到满意，对于某些消费者（如消费者#6和#15）来说，自助入住或退房让他们感觉很奇怪。消费者#21提到，当他无法通过自助终端获得发票时，他感到很沮丧。当一家酒店宣传其配备了实际上尚不可用的智能化自助服务技术时，几位消费者（消费者#17和#21）表达了失望之情："我感到失落。因为我看到宣传说（酒店）有（自助服务技术），这也是它的卖点之一。然而，我没有找到它们。我感到非常失望，因为我没有机会（使用自助服务技术）。"

3. 认知体验

数据分析显示，使用自助服务技术的认知价值会影响酒店管理者和消费者的偏好。例如，消费者和酒店管理者更喜欢在线选房、控制面板、智能语音管理系统和平板电脑预订系统。这些设备很有用，可以提供直接且完整的信息。例如，消费者#9表示，在线选房系统通过直观的地图告知她酒店的布局。相比之下，酒店管理者#25表示，机器人无法解决实质性问题，并且没有关于自助服务技术有用性的实证报告。酒店服务的真正价值在于满足多样化的消费者需求（酒店管理者#6）。因此，从这方面来说，人们对机器人的偏好有所下降。

此外，本次访谈中几乎所有消费者和酒店管理者都提到了自助服务技术的便利性和效率。对于酒店管理者来说，自助服务技术的目的是为消费者提供便利和提高服务效率，"如果使用自助服务技术，便利性、速度和效率可以得到提高，那么这是值得的"（酒店管理者#6）。尽管酒店管理者#14表示机器人的移动速度不是特别快（事实上，它们就像当初的网络速度一样慢），但酒店管理者#3提到，"已经安装的（智能化）应用程序非常方便"。消费者也认为智能化自助服务技术在特定环境下很方便。例如，消费者#4分享道："如果是在人多的地方，客人排队的时候，会处于一种非常焦虑、烦躁的状态。他可能希望有一个自助服务终端可以让他尽快（办理登记入住）进入房间。"

酒店管理者和消费者还发现，与服务人员相比，自助服务技术犯错误的可能性更小，"除非发生异常情况，（自助服务技术）错误率低于服务人员"（酒店管理者#2）。然而，由于内部限制和外部因素，自助服务技术仍然有出现错误的可能性。例如，酒店管理者和消费者对智能语音管理系统语音识别的准确性表示担忧。他们表示，如果智能扬声器无法理解外语（如英语）、方言或口音，它就很可能无法识别消费者的需求。外部因素包括网络故障、电力不足和消费者干扰等。例如，消费者#20表示儿童可能会干扰自助服务技术的工作。酒店总经理#14和#16一致认为，当机器人提供服务时，这些设备可能会吸引孩子们的注意力，然后孩子们就可能会触摸机器人或阻止它们移动（见图5-2）。这时候，下单的消费者可能无法及时收到相应的服务，从而导致消费者投诉。

图5-2　一家火锅店内一名儿童干扰了机器人送餐

酒店管理者和消费者反映，自助服务技术使服务流程变得简单、顺畅。自助服务技术涉及的服务交付步骤较少。例如，“（智能语音管理系统）可能会减少人工服务的步骤。只要您说出服务需求，（服务）就完成了”（酒店管理者#10）。智能语音管理系统使消费者无须通过打电话联系前台（消费者#5）。正如消费者#4提到的：“（移动登记入住）让我不用再去前台，所以它很有吸引力。”与之相反，一些受访者对基于智能化新技术的移动应用程序感到担忧。不经常旅行的消费者#9认为，每次下载应用程序很麻烦。缺乏明确的引导也可能会给消费者造成负担。消费者#8表示，由于没有相关说明，她不知道如何打开房间的窗帘，她无法手动打开，也没有意识到它们是智能窗帘。有趣的是，一些消费者表示出于清洁和卫生考虑，更喜欢基于移动端的自助服务技术，如智能语音管理系统、控制面板和机器人。

自助服务技术所带来的经济价值对酒店管理者和消费者的偏好产生了积极影响。酒店管理者#5解释说，面对智能化自助服务技术，“消费者没有给小费的压力”。消费者#24也提到：“所以这个机器人是用在哪儿？可能是自助餐，或者不需要收小费的那种场合，你总不能给机器人小费吧？”消费者并不愿意为这些技术支付额外费用，他们认为如果酒店配备了智能化自助服务技术，那么它肯定是物有所值的。受访者表示，消费者希望能够在智能化自助服务技术和传统服务之间进行选择；否则，他们会认为酒店的服务不够周全，因为他们不想花2000元去住一家完全由机器人服务的酒店（消费者#12）。同时，如果一家酒店声称自己配备了实际上无法使用的创新技术，那么消费者就会不高兴："我的第一反应是，为什么房价这么高，而且他们没有说明这些自助服务技术不可用？在我看来，这是虚伪的。酒店应该在其官方网站上注明这些技术仍在试用期内，尚不可用。"（消费者#17）

4. 行动体验

酒店管理者表示，自助服务技术增强了消费者的参与感。酒店经理们认为，相较于人工服务会让消费者等待，自助服务技术更可取。自助服务技术取消了服务人员的直接参与，并强调消费者的反馈，提高了消费者的参与度，同时也提高了酒店管理者和消费者的满意度。例如，酒店管理者#8表示，孩子们更喜欢与机器人互动。受访的酒店管理者还提到，消费者很喜欢在社交媒体上分享他们的体验（见图5-3）："在我看来，大多数（消费者）都会认同这一点。许多人（会在酒店）拍照并说，'看，一个机器人正在为我服务'。"（酒店管理者#14）

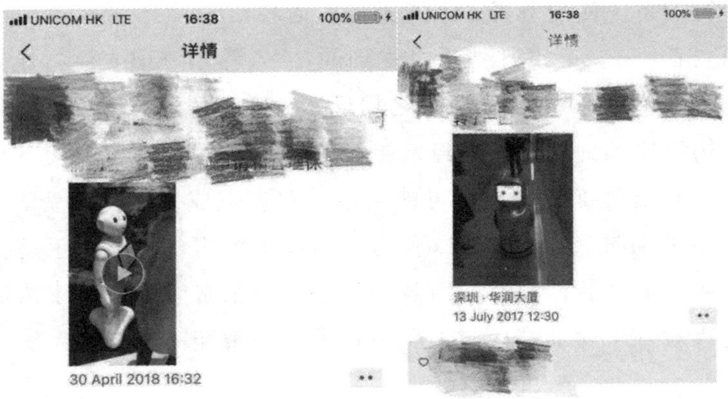

图5-3　消费者在微信朋友圈分享他们与机器人互动的体验

此外，酒店管理者和消费者解释说，他们更喜欢自助服务技术，因为这些设备可以带来控制感和自由。酒店管理者#27指出，"人们更喜欢把事情掌握在自己手中"。酒店管理者#1提到，智能化入住可以让消费者控制登记入住的各个方面，这就能让希望控制整个流程的消费者受益。消费者#18表示，在线选房让她可以更自由地选择自己喜欢的房间。此外，酒店管理者和消费者都提到，消费者有时不想打扰服务人员，因此他们更喜欢使用自助服务技术。例如，消费者#9说她不想在晚上打扰服务人员，如果机器人可以提供客房服务，她更偏好机器人。

酒店管理者和消费者也一致认为，如果在使用自助服务技术时出现了服务故障，那将是消费者的责任。酒店管理者#29表示，如果消费者前往前台，服务人员错误地输入了发票信息，那么酒店将承担责任。但是，如果消费者使用自助开发票一体机时输入了错误的信息，那么消费者自己将承担该责任。消费者还表示，他们更愿意接受由自己导致的服务失败。

5. 社交体验

研究发现，特权、尊重、信任、安全和隐私等因素会影响酒店管理者和消费者对自助服务技术的偏好，同时也会带来担忧。尽管酒店管理者#6担心自助退房可能会让消费者感觉自己被忽视，造成他们的心情低落，但其他酒店管理者表示，自助服务技术的使用让消费者感到特别、时尚和受到尊重。例如酒店管理者#12谈到："自助服务技术新颖，符合时代潮流。年轻人会觉得自助服务技术很酷。"有些消费者将智能化的自助服务技术视为一种特权。例如，消费者#18评论道："（自助服务技术）让我感觉我（在这家酒店）享受了一种其他酒店所没有的体验。那么我觉得这是一种特权，会觉得自己受到了尊重。"

酒店管理者们进一步表示，酒店使用智能化的自助服务技术会迫使消费者重新考虑他们的日常习惯。在酒店的技术体验可以帮助消费者养成在日常生活中使用技术的习惯。例如，酒店管理者#15指出，在酒店使用智能语音管理系统或控制面板会鼓励消费者在家中使用这些技术。消费者也会惊讶于酒店在社交生活方面的领先地位，正如消费者#9分享的那样："使用智能化的自助服务新技术时，感觉社会正在进步。"

消费者还表示，在使用自助服务技术时，他们感受到了酒店对他们的信任。消费者#9说："我认为酒店信任我，他们并不担心我会损坏房间内的设施。"当然，酒店管理者和消费者也表示，有一些消费者不信任自助服务技术。尽管如此，他们相信随着对技术熟悉程度的提高，消费者对技术的信任也会相应地得到增强。

消费者对安全的看法不一。在某些情况下，当他们依靠自己解决问题而非依赖他人（服务人员）时，他们会感到轻松和安全，"与让其他人做相比，自己做会感到更放心"（消费者#7）。尽管如此，如果使用自助服务技术，有些消费者担心自己的生命和信息安全。例如，消费者#27担心自助服务技术对他生命安全的威胁："我就会担心这个机器它万一出问题了，怎么办？万一它短路、爆炸了怎么办？万一它产生攻击性了，怎么办？我肯定打不过它，是吧。"

同样，酒店管理者和消费者对自助服务技术的隐私保护也有不同看法。酒店管理者#4认为，消费者可能会觉得自己的隐私受到了保护，因为自助入住无须向服务人员出示身份证。尽管如此，消费者#8、#9和#13提到面部识别技术可能导致隐私泄露。消费者#25则更喜欢由服务型机器人来为其递送私人物品，因为如果是服务人员来递送此类物品，他会感到尴尬。消费者#2和#21表示他们更喜欢机器人的客房服务，因为他们不需要在客房服务时穿着得体，也不想让不认识的服务人员进入他们的房间。

二、人工服务的消费者体验

1. 审美体验

酒店管理者#2表示，消费者对服务人员的外表有要求，这是消费者对酒店的第一印象。从审美和视觉的角度来看，得体的着装很重要。当消费者进入酒店时，他们会粗略地打量酒店服务人员：行李员帅吗？他的头发梳得好吗？他的五官和胡须保养得好吗？消费者还表示，如果前台员工穿着专业得体，他们更愿意与员工交谈而不是与机器交谈（如消费者#27）。

2. 情感体验

酒店管理者希望通过人性化的服务为消费者提供愉快的体验。尽管如此，消费者和酒店管理者认为当前的人性化服务较为平淡。部分消费者甚至表示他们的人工服务体验很无聊。例如，消费者#5解释说，退房的时候，他等了几分钟才等到服务人员来检查他的房间。更糟糕的是，消费者提到服务人员的态度可能很差。这种行为让消费者感到不舒服和苦恼，促使他们倾向于使用自助服务技术。在预订客房服务方面，酒店管理者#1解释说："如果我们打电话预订房间，总是感觉很仓促，需要很快做出决定，对吧？"因此，她更喜欢能让消费者自己下订单的自助服务技术。消费者#1也认同此观点："如果服务人员在那儿，一直等着我，我会觉得不好意思，而且我每次点菜，都很纠结。所以，如果我能自己点好了之后，再给他，比较好。"消费者还表示，与人交谈时需要注意自己的言语，而与机器交互时则不需要（消费者#16）。过度的服务也会让一些消费者感到压力：

“可能更能接受机器给我送，这个原因是，嗯，因为人送来，他多少都会跟你说一下，比方说这是您点的客房服务呀，或者之类的话，会有一个程度很高的礼貌性举动，这种举动通常会让我觉得稍微有一点压力。就比方说，我在外边点餐的时候，有一些服务很好的店，反而会让我觉得害怕点他们家的东西，因为有的店的送餐人员会鞠躬，这种行为真的是让我压力蛮大的。”（消费者#4）

3. 认知体验

有些消费者和酒店管理者认为，服务人员提供的信息比自助服务技术更直接、更完整，因此他们更偏爱人工服务而不是自助服务技术。但酒店管理者#13指出了一个非常现实的问题：“（服务人员）没时间搭理你（消费者），或者去给你（消费者）这么详细地解释这个东西的，因为别人还在等着我（服务人员），我（服务人员）不可能跟你细说……如果是你（服务人员），你（服务人员）把这瓶橙汁端给我（消费者）的时候，你（服务人员）会告诉我（消费者）橙汁是什么时候榨的吗？你（服务人员）不会。”

此外，本次访谈中的消费者和酒店管理者还提到，人工服务有时不方便且效率低下，因此他们倾向于更方便、更高效的自助服务技术。例如，消费者#22解释说：“如果人工比较慢的话，可能就会倾向于用机器……但是好像人工和机器在速度上都差不多。”酒店服务人员的工作效率很容易受到各种因素的影响而降低。受访者还提到，服务人员比自助服务技术更容易犯错误，这促使他们更喜欢自助服务技术。酒店管理者认为，人工服务容易忘记消费者需求、不理解消费者需求或错误处理消费者需求。例如，酒店管理者#10提到，如果消费者说话带有口音，服务人员可能无法识别消费者的需求。酒店管理者#3提到，前台服务员可能会将账单搞错。受访的消费者也分享了类似的观点。

酒店管理者和消费者均表示，服务人员的服务交付可能会很麻烦，这促进了他们对自助服务技术的偏好。例如，“打电话（给前台）说什么会让我很烦恼。我必须说出我在哪个房间以及我需要什么”（消费者#2）。相比之下，正如酒店管理者#12所指出的，技术的发展可以改善这些情况，消费者可以选择按照自己的意愿完成任务，如快速登记入住。

此外，根据参与本次访谈的消费者的说法，传统酒店室内设施控制的烦琐体验导致他们更喜欢自助服务技术。消费者#9提到，她更喜欢使用智能化新技术来控制房间设施："我不需要担心关窗帘时灰尘会落在我身上。因此，我更喜欢使用控制面板（关窗帘）。"消费者#14担心由服务人员提供的产品的清洁度。她想知道服务人员在递送产品的过程中是否可能不小心地将产品掉在地上，而服务人员绝不会向消费者透露此类信息。

然而，如果人工服务比自助服务技术更加实用，那么受访者会更喜欢前者。消费者和酒店管理者表示，如果当前的人工服务顺畅且直接，他们可能不会偏好或继续使用自助服务技术。例如，消费者#27认为打开智能化应用程序很麻烦："为什么我们不能只按（传统的开关）来关（灯）?"消费者#19和#26解释说，他们更喜欢人工服务，因为服务人员会为他们准备好一切，无须自己动手。

4. 社交体验

酒店管理者们表示，有些消费者不信任人工服务。例如，酒店管理者#2提到，在登记入住选房时，如果服务人员不允许消费者看到可选的房间，消费者可能会认为服务人员在撒谎，因为与自己在网上选房相比，消费者并不相信前台服务人员会为其提供最好的房间。此外，受访的消费者提到，人工服务可能涉及安全问题。消费者#22分享了自己的经历："我觉得这种人工（服务）在安全性上可能也有一些问题。比如说，就是上次出差，有一次我把房卡忘在房间里了，我说（服务人员）能不能帮我把房门打开，然后（服务人员）也没有验证我的身份什么的，就直接递过一张公共的房卡，说你去开吧……我觉得这种安全性由人控制的话……如果是装置或者机器啥的（来控制），可能更安全一些。"

消费者希望受到尊重并获得他人的关心和关注。酒店管理者和消费者都提到人性化的服务可以给消费者一种被放在第一位的感觉，让消费者感到被重视和享受到了良好的服务。而当前的自助服务技术无法做到这一点，从而降低了消费者和酒店管理者对它们的偏好。消费者#8分享道："我认为机器人无法带来服务感。与技术相比，服务人员可以为消费者提供服务感。"

第七节 本章小结

本章介绍了影响服务交付阶段消费者和酒店管理者偏好的六大因素。

环境因素影响消费者和酒店管理者的偏好。除了公众准备情况外，其他几个因素也影响消费者和酒店管理者对自助服务技术的偏好：社会价值观、政府监管、行业和技术发展、劳动力问题。

组织因素方面，研究结果显示酒店的特征和预期效益影响消费者和酒店管理者的偏好。酒店管理者的偏好还受到基础设施/系统的兼容性、高层管理人员和技术公司的支持的影响。

渠道因素方面，自助服务技术和人工服务的属性影响消费者和酒店管理者的偏好。受访者认为自助服务技术通常是标准化、易于使用、可靠但无用的，而人工服务则是高度人性化且有用的。

任务因素方面，服务任务属性和消费者需求影响消费者和酒店管理者对自助服务技术的偏好。

消费者差异方面，消费者的人口统计学特征、性格特征、旅行概况和先前体验影响消费者和酒店管理者的偏好。

消费者对自助服务技术和人工服务的体验也影响消费者和酒店管理者的偏好。数据分析揭示了消费者体验的五维结构，包括审美体验、情感体验、认知体验、行动体验和社交体验。

第六章　研究结论与展望

本章根据深度访谈的结果，与现有文献进行了对话，并在此基础上，提出了对未来研究的展望。

第一节　不同酒店服务交付阶段的不同偏好

酒店服务的交付比单一服务接触（如在零售店结账或在机场办理值机）要复杂得多。除了登记入住之外，酒店服务还包括客房服务、餐厅用餐和退房等（Danaher et al.，1994；Yung et al.，2002）。这些服务接触是不同的，可能会唤起消费者或酒店员工对自助服务技术或人工服务的独特偏好。现有研究已证明了在零售业、银行、火车站和邮局环境中，任务复杂性对消费者的自助服务技术偏好有影响（Simon et al.，2007；Wang et al.，2012）。然而，当前关于酒店和旅游业自助服务技术的研究主要集中在消费者对酒店自助服务技术的总体采用情况（Oh et al.，2013；Rosenbaum et al.，2015）或基于单次服务接触（如办理入住）的情况（Kim et al.，2014；Kokkinou et al.，2015；Mäkinen，2016）。本研究的结果显示，消费者是多渠道使用者，其对自助服务和人工服务的偏好在不同的服务交付阶段（如入住、客房服务、餐厅服务和退房等）是不同的。这一发现强调了有必要将酒店服务过程划分为不同的服务交付阶段，以探究消费者对某种特定的自助服务技术的偏好，从而提高对酒店环境下自助服务技术应用的认知。

此外，政府服务领域的研究表明，不同的服务渠道在完成特定任务方面具有特定的优势（Pieterson et al.，2008），公民关于服务渠道的选择主要是对渠道的排序，而非“A 或 B”的二进制选择（Reddick et al.，2012）。类似地，定性研究的结果也显示，酒店消费者的渠道排序是基于给定渠道在完成特定任务时的特定优势所做出的选择。一个很可能的原因是服务与渠道的匹配，它指的是服务任务特征、自我效能和渠道功能之间的契合

（见图6-1）（Goodhue et al.，1995）。也就是说，采用特定的服务技术能够增强对特定服务的帮助。

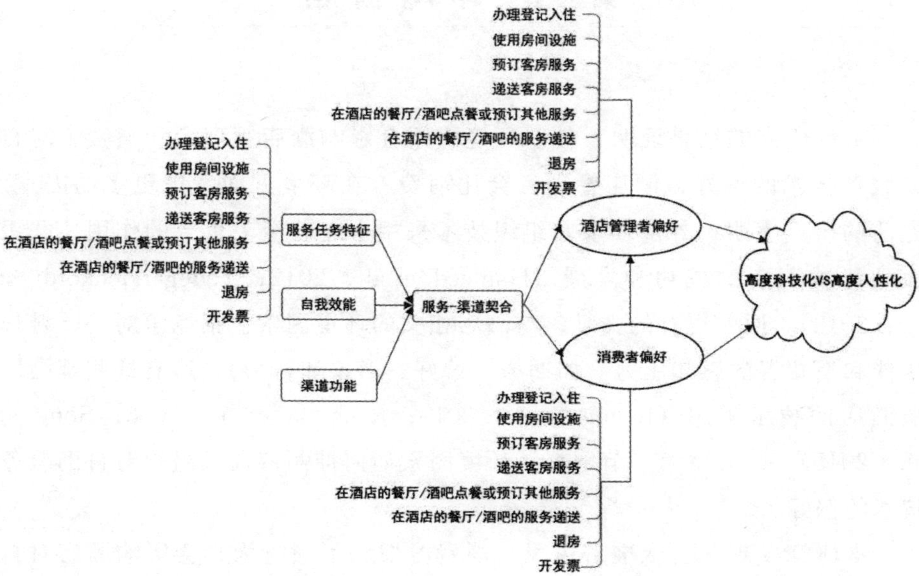

图6-1　服务-渠道适配模型

（资料来源：改编自任务—技术适配理论[Goodhue et al.，1995]）

除了个人层面，这项研究还表明，酒店对服务的偏好也并不是“A或B”的二进制选择，而是根据服务接触内容而变化，这一点与消费者的偏好类似。然而，酒店管理者和消费者对特定服务接触的偏好有所不同。例如，受访的消费者对餐厅的人工服务和机器服务的偏好无明显区别，而酒店则更喜欢在餐厅提供人工服务。

总体而言，不同服务阶段的具体特征以及服务任务特征、消费者自我效能和渠道功能之间的契合度可能会影响消费者在不同服务交付阶段的偏好。这与Pieterson等（2007）的研究结果类似，他们指出公民对政府服务渠道的选择在很大程度上取决于任务和渠道特征。同样的情况也适用于酒店层面。正如政府会根据公民的需求提供多样化的服务提供渠道（Pieterson et al.，2008；Reddick et al.，2012），酒店希望在提供自助服务技术的同时提供人性化服务，以更好地为消费者服务。

第二节 环境因素

定性研究的结果证明，外部环境因素会影响酒店管理者和消费者对自助服务技术的偏好，酒店管理者会比消费者在环境方面考虑更多的因素。先前的研究表明，外部环境在组织技术采用中起着至关重要的作用，并极大地影响酒店的成功和发展（Hameed et al.，2012；Yadegaridehkordi et al.，2018）。回顾现有的文献，与酒店相关的环境因素包括竞争对手、合作伙伴和消费者的感知压力（如期望、偏好、形象和行为），所有这些都会影响酒店的技术采用（Leung et al.，2015；Racherla et al.，2008；Song et al.，2015）。第五章第一节解释了环境因素如何抑制或促进组织对自助服务技术的偏好。

本研究发现，公众准备情况（消费习惯和不当行为）会影响酒店对自助服务技术的偏好。相关研究发现，消费者不断增加的技术需求促使酒店采用智能化新技术（Leung et al.，2015；Song et al.，2015）。然而，消费者的不当行为可能导致酒店损失便携式自助服务设备，从而对酒店的技术采用产生消极影响。当消费者的不当行为得到纠正时，酒店可以部署便携式自助服务设备，或者可能会将技术成本纳入房价中。

行业发展也会影响酒店的偏好。值得注意的是，除了先前文献中提到的竞争压力（Sahadev et al.，2005；Song et al.，2015）之外，本研究还发现同行成功应用新技术也会影响酒店对自助服务技术的偏好。自助服务技术在同行业的成功应用，可能会降低酒店运用新技术的不确定性，这一研究发现支持了之前的一种说法，即“酒店通常不会采用新技术，直到新技术在行业中得到很好的整合和应用（hotel companies generally do not embrace technology until it is well integrated and applied in the industry）”（Leung et al.，2015）。除了行业内的影响外，本研究发现，其他行业（如外卖、银行和机场）应用自助服务技术也会影响酒店的自助服务技术偏好。因此，在未来的研究和实际应用中，应同时考虑外部行业应用以及行业内的竞争压力和经验。

服务业的性质也可能会抑制酒店使用自助服务技术的偏好。这些负面影响虽然之前并未在酒店环境中讨论过，但是它们在其他领域，如杂货行业（Kurnia et al.，2015）的组织技术采用研究中得到了证实。尽管其他研究强调政府支持对组织技术采用的影响（Hameed et al.，2012），中国政府也已出台了各种支持性文件，如《关于实施“旅游＋互联网”行动计划的通知》《中国制造2025》《新一代发展规划人工智能》《“十四五”机器人产业发展规划》等，但本研究中的酒店管理者并未提到这种积极影响。一个可能的原因是这些支持性政策并非针对酒店的技术应用，因此酒店可能不会直接从这些支持性政策中受益，受访的酒店管理者也就并未提及相关政策。

此外，这项定性研究还发现了导致酒店偏好自助服务技术的劳动力问题。受访的消费者也提到了高人力成本的影响，但并不认为此类成本是用自助服务技术取代人工服务的理由。受访的消费者表示，他们已经为人工服务支付了费用，并且我国的劳动力成本并没有高到需要全面用技术替代的程度。先前关于组织技术采用的研究中缺乏对这部分的讨论可能是因为自助服务技术的特殊性。具体来说，自助服务技术减少了服务人员的直接参与，如用机器人代替服务员为消费者服务，而以前的技术旨在促进消费者与服务人员的互动。环境前因并不总是一致的，不同的技术或场景会涉及不同的因素（Teo et al.，2009）。此外，高人力成本的影响可以通过参照依赖偏好来解释。参照依赖偏好强调决策受到参照点的影响（Kahneman et al.，1979）。从这个意义上说，自助服务技术所取代的人工服务的现状会影响酒店采用自助服务技术。

技术发展的方向和程度也会对酒店的自助服务技术偏好产生影响。酒店更喜欢使用较为常见的自助服务技术。但尽管如此，酒店可能不会立即采用自助服务技术，因为当前自助服务技术仍然处于发展过程中。这一发现为未来研究和实际应用打开了新思路：除技术属性外，从大环境的角度探究技术发展的影响也很重要。

除了这些前因之外，数据分析表明，使用自助服务技术会产生的预期社会结果（人与人之间的冷漠和环境保护）也会影响受访者的行为及偏好，从而扩展了组织技术采用的有关知识。另一个有趣的发现是，环境因素也会影响消费者对自助服务技术的偏好。尽管与影响酒店偏好的前因相比，影响个人技术采用的环境因素较少，但也弥补了现有研究较少探讨影响个人技术采用的环境前因的空白。

第五章第一节中的众多环境前因（见图6-2）提升了我们对环境因素如何抑制或促进组织和个人技术偏好的理解。这些因素要么验证了早期研究（如行业性质、竞争压力和政府法规），要么是在此项研究中新发现的。本研究有助于深入了解酒店如何根据外部环境战略性调整自助服务技术应用。

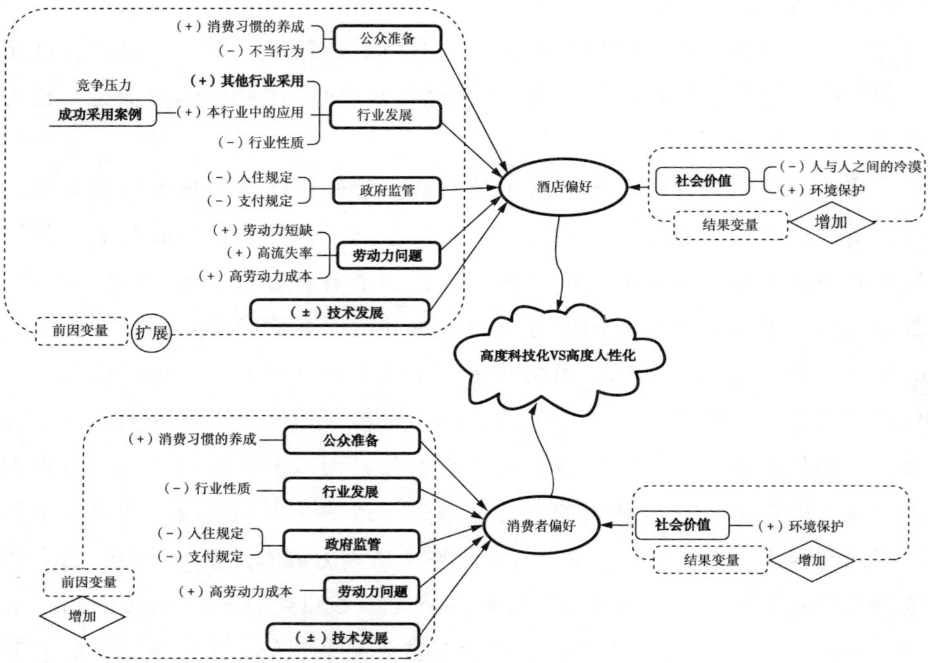

图6-2　环境因素的影响

（+代表积极影响；-代表负面影响；±代表混合影响；加粗代表本研究中新发现的前因）

第三节　组织因素

组织特征影响酒店的技术采用，进而影响酒店的成功和发展（Hameed et al.，2012；Yadegaridehkordi et al.，2018）。事实上，组织特征是组织技术采用研究中较常被探讨的前因之一（Hameed et al.，2012；Yadegaridehkordi et al.，2018）。然而，具体的组织特征因环境和技术而异。本研究的结果证实了组织因素对酒店自助服务技术偏好的影响，并发现了除酒店自身外，其他几个方面的影响，包括酒店、酒店业主、酒店集团和技术公司（见图6-3），扩展了酒店技术采用的组织前因的相关知识。此外，本研究发现了酒店特征和酒店预期效益对消费者偏好的影响，这些新发现丰富了个人技术采用前因的相关知识。

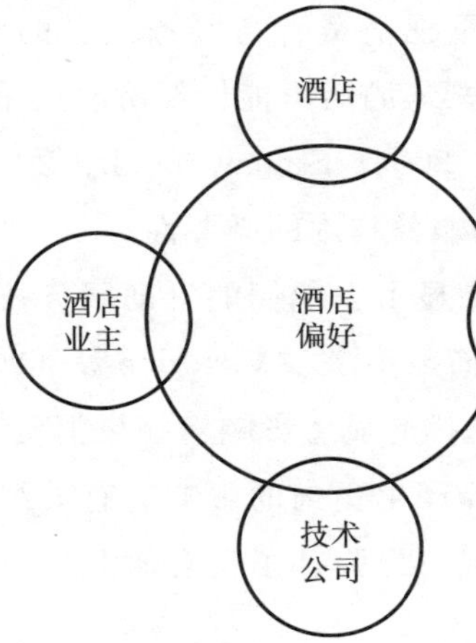

图6-3　影响酒店自助服务技术偏好的组织因素

数据分析表明，酒店规模对酒店自助服务技术偏好的影响是复杂的。酒店管理者表示，酒店规模对他们技术采用偏好的影响与技术类型相关。酒店规模对酒店在公共区域的服务接触场景中采用自助服务技术具有积极影响，但对在客房内采用的自助服务技术产生消极影响。酒店规模对公共区域的自助服务技术采用的积极影响与Ozturk和Hancer（2014）、Wang等（2016）、Teo等（2009）的研究结果一致，他们发现公司规模对组织采用RFID、移动预订系统和电子化采购产生积极影响。受访的消费者也指出在拥挤的酒店中更适合使用自动服务技术。但适合采用自助服务的酒店规模也有一定的上限，并不是越大越好。Siguaw等（2000）称，一旦酒店规模达到一定水平，对技术的依赖就会减少。这一发现有助于解释为什么酒店管理者认为自助服务技术适合拥有100—150间客房的酒店，而不是拥有600间客房的酒店。除了直接影响之外，Racherla和Hu（2008）指出组织大小对组织采用CRM产生间接影响。这或许可以解释为什么酒店管理者在访谈中提到，国际连锁酒店更有可能推广自助服务技术。因为作为大型酒店集团，其技术支持和可利用资源比小型单体酒店更丰富。

在访谈中，酒店管理者和消费者都认为新酒店更适合应用自助服务技术，这与Sahadev和Islam（2005）的研究结果一致。数据分析还显示，尽管消费者认为与商务酒店和经济型酒店相比，豪华酒店应具有与经济型酒店相同（甚至更多）的功能，但度假酒店和豪华酒店不太适合自助服务技术。原因可能在于移除服务人员的直接参与与豪华酒店的理念不一致（Wang等，2016）。豪华酒店重视消费者与服务人员的互动（Kucukusta et al.，2014）。这一研究发现与豪华酒店可能比经济酒店采用更多新技术的说法不太一致（Sahadev et al.，2005；Siguaw et al.，2000）。这种不一致凸显了探究适应不同环境的自助服务技术的必要性。

此外，消费者的访谈结果显示，他们的自助服务技术偏好与酒店特征（如酒店规模、经营年限和位置）有关。Victorino等（2005）揭示了酒店类型与服务创新对消费者酒店选择的显著影响：如果消费者入住经济型酒店，服务创新会对他们的酒店选择产生更大的影响。有关组织因素影响消费者自助服务技术偏好的研究发现，也弥补了现有研究较少探讨影响个人技术采用的组织前因的空白。

除了酒店形象外，自助服务技术与酒店现有资源的兼容性也对酒店的偏好产生负面影响。与之前的研究类似，本研究还发现高层管理人员的支持（如对技术的开放态度以及酒店集团的资源和支持）对酒店自助服务技术的采用具有积极影响（Leung et al.，2015；Racherla et al.，2008；Song et al.，2015；Teo et al.，2009；Wang et al.，2016）。除了高层管理人员的支持外，本研究还揭示了管理层之间的分歧和对IT部门的轻视会对酒店自助服务技术的采用产生负面影响。由于很少有研究探究此类影响，因此这一发现扩展了组织因素对自助服务技术采用影响的相关知识。

本研究中的一些受访者指出，国际连锁酒店更愿意使用自助服务技术，这一结果与连锁酒店比独立酒店采用更多技术的说法一致（Siguaw et al.，2000）。不同的是，本研究还揭示了酒店集团定位和酒店业主的多样性对酒店技术采用的负面影响。本研究的结果显示，酒店业主在酒店采用自助服务技术方面发挥着关键作用，其对预算的限制可能会限制酒店管理者对自助服务技术的偏好。这一发现证实了Kasavana（2008）的说法，即成本是自助服务技术应用的主要障碍之一。

与之前的研究一致，本研究确认了合作伙伴对酒店自助服务技术采用的积极影响（Chen et al.，2009；Teo et al.，2009；Zhang et al.，2009）。调查结果显示，技术公司所提供的相关自助服务技术，提升了酒店管理者对自助服务技术采用的偏好。财务准备对于组织的技术采用也至关重要（Leung et al.，2015；Racherla et al.，2008）。本研究打开了酒店业主和技术公司如何影响酒店对自助服务技术偏好的“黑匣子”，即通过影响酒店的财务准备（见图6-4）。

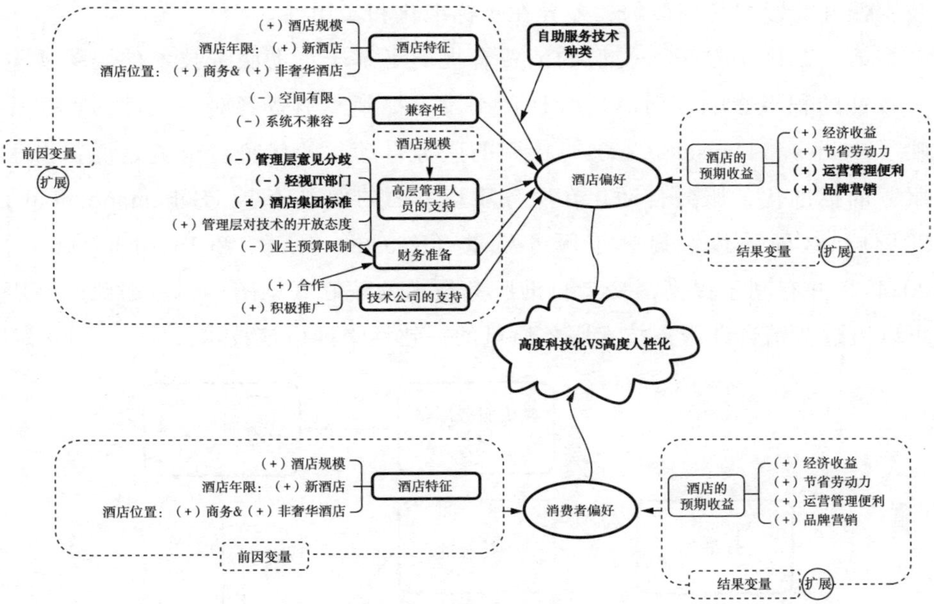

图6-4　组织因素的影响

（+代表积极影响；-代表负面影响；±代表混合影响；加粗代表本研究中新发现的前因；虚线框代表来自文献综述）

酒店的预期效益与酒店对自助服务技术的偏好呈正相关。本研究验证了之前的研究发现，即使用自助服务技术可以帮助酒店增加收入、节省劳动力和提高工作效率等（Kasavana，2008；Teo et al.，2009）。本研究还发现，引进自助服务技术有利于品牌营销和运营管理。有趣的是，本研究发现酒店的预期效益也会影响消费者的自助服务技术偏好，这一发现为个人技术采用方面的研究提供了新的见解。

第四节 渠道因素

研究结果表明，自助服务技术和人工服务的属性会影响酒店管理者和消费者对自助服务技术的偏好。渠道属性对酒店管理者和消费者自助服务技术偏好的影响是相似的，差异在于标准化和实用性。

第一个区别在于，受访的消费者提到了基于自助服务技术的服务质量一致性的积极影响，而酒店管理者则没有提到。消费者对一致性的重视反映了Selnes和Hansen（2001）提到的服务自动化的优势。也就是说，由于服务的标准化，服务自动化在服务质量方面的偏差较小（Schumann et al., 2012）。这种一致性提高了服务质量（Kaushik et al., 2015; Kim et al., 2014），并有利于提高消费者自助服务技术的偏好（见图6-5）。因此，酒店可以通过营销自助服务技术服务质量的一致性来推广该技术。

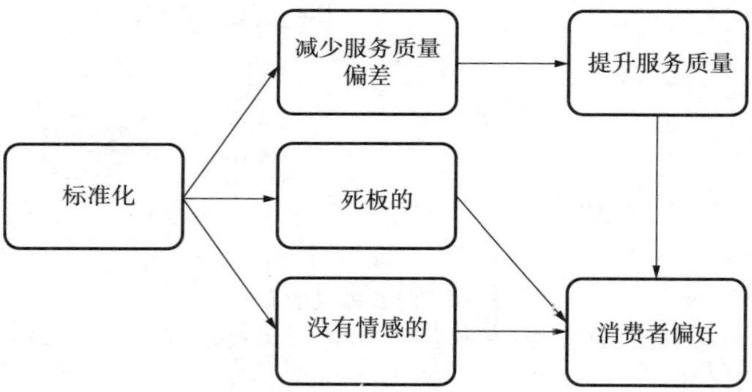

图6-5 标准化对消费者偏好的影响过程

第二个区别是，酒店管理者提到了人工服务可能产生的负面影响，而消费者则没有，但双方都同时批评了当前自助服务技术的功能过于简单。受访者指出，自助服务技术的无用性对他们的偏好产生了负面影响。这反向证明了感知有用性对自助服务技术采用的积极影响（Kaushik et al., 2015）。因此，技术公司应该努力设计具有更多功能和实用性的自助服务技术。

本研究还分析了酒店管理者和消费者对自助服务技术与人工服务不同

属性之间的比较（见图6-6）。创新扩散理论指出，创新技术与其所替代的传统技术对比展现出的相对优势与其采用呈正相关（Rogers，1995）。类似地，Meuter等也指出，自助服务技术比其所替代的渠道更有优势，这可以提高消费者对自助服务技术的满意度。酒店管理者和消费者批评自助服务技术缺乏灵活性、缺乏情感和没有实用性，而人工服务则是灵活的、个性化的、有情感的和有用的。这种对自助服务技术的负面评价支持了以下观点：自助服务技术是以牺牲人工服务的优点为代价的（Ba et al.，2010；Kokkinou et al.，2013；Kucukusta et al.，2014）。然而，之前的研究针对自助服务技术的灵活性有不同的观点。例如，Ba等（2010）担心基于自助服务技术的服务接触会失去人工服务的灵活性，而Kim和Qu（2014）、Kucukusta等（2014）强调了自助服务技术固有的灵活性。本研究的相关发现有助于解释这种差异：一方面，自助服务技术提供全天候的服务，因此消费者可以随时享受相关服务；另一方面，基于自助服务技术的服务是标准化的，所以它们在处理消费者即时、多样化的需求或服务失败时不够灵活。因此，自助服务技术是否具有灵活性需要辩证地看待。

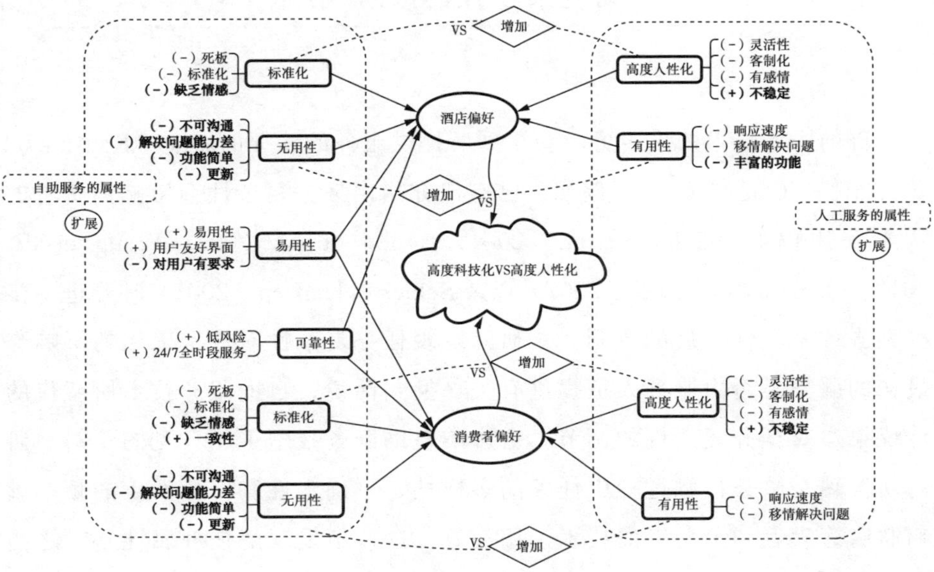

图6-6　渠道因素的影响

（+代表积极影响；-代表负面影响；±代表混合影响；加粗代表本研究中新发现的前因）

先前的研究已经探讨了自助服务技术和人工服务两者各自对酒店成功和发展的重要性（Bitner et al.，1990；Kucukusta et al.，2014；Yadegaridehkordi et al.，2018）。例如，已有研究证明，技术可用性在组织和个人技术采用中发挥着重要作用（Baker，2011；Kim et al.，2014），并且对组织投资回报率、生产力和竞争优势至关重要（Kasavana，2008），尽管现有的文献并没有涉及人工服务可用性的影响。本研究中的消费者和酒店管理者也强调了这一点，正如消费者#6所说："如果有人工服务，我倾向于不用平板电脑点餐。"这一发现与政府服务渠道的可用性会影响公民渠道选择的研究发现类似。一项零售业的研究发现，多渠道服务属性会通过属性是否高于或低于市场水平来影响消费者的忠诚度（Cassab，2009）。这些相关发现强调了根据人工服务属性探索自助服务技术采用的必要性。因此，本研究在全服务渠道场景中对自助服务技术进行调查，不仅聚焦于自助服务技术本身，而且有助于了解消费者的偏好和意愿。

第五节　任务因素

自助服务技术的采用可能会受到所提供服务的特征的影响（Kaushik et al.，2015；Ong，2010）。例如，已有研究指出任务复杂性会影响消费者的技术采用偏好（Selnes et al.，2001；Simon et al.，2007；Wang et al.，2012）。Simon和Usunier（2007）以及Selnes和Hansen（2001）呼吁进一步探究服务复杂性背后的机制。本研究发现任务复杂性对技术采用的影响与最初的服务是否由服务人员提供有关，换句话说，自助服务技术所替代的传统渠道对任务复杂性的调节，会影响自助服务技术采用（见图6-7）。研究还发现，服务接触过程中任务的多样性、不确定性和任务发生的频率影响酒店管理者和消费者的技术采用偏好。这些新发现的任务属性是对之前研究呼吁对服务任务属性的其他维度（如服务差异）进行研究的响应（Simon et al.，2007）。

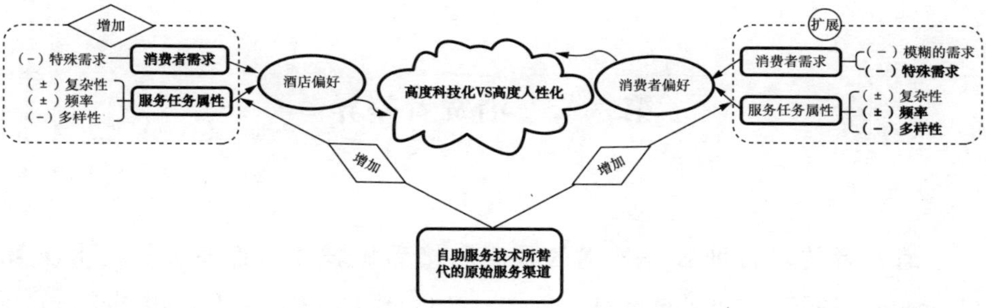

图6-7 任务因素的影响

(+代表积极影响；-代表负面影响；±代表混合影响；加粗代表本研究中新发现的前因)

本研究还发现，除了任务本身的属性外，消费者需求也会对偏好产生影响。消费者是否有明确目的或特殊需求，也是服务任务属性的组成部分，影响消费者对自助服务技术的偏好。这一结果证实了Goodhue和Thompson (1995) 的研究，他们通过任务是否明确、临时、非常规和意料之外来测量任务属性；Pieterson等 (2007) 指出任务模糊性影响公民对政府服务渠道的选择。有关消费者在采用自助服务技术时互动需求的研究发现存在差异，例如，Kaushik等 (2015)、Curran和Meuter (2005) 并没有发现这种需求会显著影响消费者对自助服务技术采用的态度，而Oh等 (2013)、Lu等 (2009) 发现互动需求是消费者需求的一部分，该需求会对消费者使用自助服务技术的意愿产生负面影响。本研究则发现，当消费者有明确的目的而没有其他特殊需求时，他们不会产生互动需求，从而偏好自助服务技术；相反，如果他们的需求比较模糊或有特殊的需求，他们可能需要与服务人员进行互动。

尽管之前很少有研究提到任务因素对组织技术采用的影响，但本研究发现，任务因素也会影响酒店管理者对自助服务技术的偏好。未来研究在探讨组织自助服务技术采用时应考虑任务因素。

第六节 消费者差异

消费者的对自助服务技术的采用和接受显著影响管理者的技术决策（Hansen，1995；Sahadev et al.，2005；Wei et al.，2016；Wünderlich et al.，2013）。在Hansen的海量信息系统（mass information systems）的实施框架中，一项基本决策涉及识别目标消费者，而消费者的技术采用受到其人口统计学特征和行为特征的影响（Hansen，1995；Sahadev et al.，2005）。学者们已经通过定量方法证实了人口特征和先前体验对消费者技术采用的影响（Lu et al.，2011；Meuter et al.，2003）。与Lu等（2011）、Castillo-Manzano和López-Valpuesta（2013）、Simon和Usunier（2007）的研究相似，本研究的结果显示，与老年人相比，年轻人往往更喜欢自助服务技术。此外，本研究发现男性可能更偏好自助服务技术，这与Lu等（2011）以及Castillo-Manzano和López-Valpuesta（2013）的研究结果相反。在他们的研究中，女性更喜欢自助办理登机手续，而非偏好机场的传统人工柜台。Meuter等（2003）的研究可以帮助解释这种不一致，他们研究发现男性和女性在使用不同类型的自助服务技术的偏好不同。例如，男性更多地使用旅行/商务自助服务技术，而女性更喜欢日常生活中会使用到的自助服务技术。本研究还发现来自酒店业的消费者可能更喜欢酒店的自助服务技术。

酒店管理者还提到了其他可能会影响消费者自助服务技术采用的人口统计学特征，例如受教育水平、居住地和社会地位。受教育水平和居住地（如是否居住在一线城市）的影响证实了Castillo-Manzano和López-Valpuesta（2013）的研究，但与Meuter等（2003）的研究发现不太一致。Meuter等（2003）认为由于自助服务技术的多样性，教育的影响可能是负面的。此外，尽管研究发现一线城市的居民可能更喜欢自助服务技术，但Donner和Dudley（1997）的研究表明，农村地区的居民更喜欢用技术作为与银行沟通的简单方式。除了人口统计学特征外，这研究还表明，消费者的偏好还受到其性格的影响。尽管先前有研究探讨了性格对消费者参与创作消费者生成媒体（consumer-generated media）的影响（Yoo et al.，2011），但学术界仍缺少对性格如何影响技术采用的关注。本研究的发现弥补了这一研究空白，并丰富了性格特征影响技术采用行为的新知识。

此外，与先前的研究类似，本研究的数据分析描述了消费者先前体验（如其他领域的体验和首次体验）的影响（Bateson，1985；Kim et al.，2014；Lu et al.，2011）。首次体验的影响可能源于消费者寻求新奇或体验新刺激的倾向（Dabholkar et al.，2002）。尽管如此，这项研究表明，在第一次体验后，消费者更有可能根据理性判断做出决定。这一发现支持了Liao和Lu（2008）的观点：以前使用过技术的消费者与尚未体验过该技术的消费者相比，影响他们新技术采用的因素有所不同。

本研究中的受访者还提到了旅行概况的影响，包括旅行频率、旅行同伴、旅行目的、旅行安排以及对酒店的熟悉程度。数据分析表明，经常旅行的消费者更喜欢自助服务技术，这与Lu等（2011）、Castillo-Manzano和López-Valpuesta（2013）的研究发现类似。频繁旅行对采用自助服务技术的积极影响可能源自于对某个酒店或城市的熟悉。此外，是否跟团游也会对偏好产生影响。正如Castillo-Manzano和López-Valpuesta（2013）所指出的那样，在很多情况下，跟团游的消费者无法在机场自助办理登机手续。类似的情况也可能发生在酒店。消费者#27指出，跟团游时导游可以代表客人办理登记入住或退房手续。住宿同伴也会影响消费者对自助服务技术的偏好。本研究发现，与朋友或恋人一起旅行会促进人们对自助服务技术的偏好。Castillo-Manzano和López-Valpuesta（2013）以及Wang等（2012）曾得出了相似的结论。然而，Lu等（2011）发现，在机场时，同行人数较少的乘客倾向于使用自助值机终端或通过网络办理登机手续。

此外，本研究的结果显示，与休闲游客相比，商务游客更有可能偏好自助服务技术。这一发现与Lu等（2011）的发现一致，他们发现机场的商务旅客更喜欢自助值机或在线值机。相反，Castillo-Manzano和López-Valpuesta（2013）的研究结果显示，商务舱旅客更喜欢传统值机，因为他们是商务舱旅客，无需排队。本研究的受访者还提到，重要的客人对自助服务技术的喜欢不会超过高度人性化的人工服务。这说明旅游目的所产生的影响与消费者的社会地位有关。此外，虽然节省的时间可以促进自助服务技术的采用（Meuter et al.，2000），但当两个队列（柜台值机和自助值机）同样长时，机场乘客很可能会前往值机柜台（Gelderman et al.，2011）。

值得注意的是，对比酒店管理者和消费者的观点，可发现两者之间的偏好差异。在人口统计学特征方面，酒店管理者透露，消费者的受教育程度、居住地和社会地位影响消费者的自助服务技术偏好，进而影响酒店的偏好。有趣的是，受访的消费者并没有提到此类影响。消费者提到了性别的影响，酒店管理者却忽视了这一点。虽然酒店管理者和消费者都注意到了性格特征和旅行概况的影响，但酒店管理者有关性格特征和旅行概况的论述要比消费者少。此外，酒店管理者忽视了消费者先前体验的影响。消费者和酒店管理者之间的差异显示了酒店对消费者偏好的了解还不充分。这些差异可以通过认知供给理论得到解释，该理论强调了实际的可能性和感知到的可能性之间的潜在差异（Cardona-Rivera et al.，2013）。这些差异再次显示了探究组织对消费者自助服务技术偏好的理解的必要性。当前的研究较多地关注消费者的偏好，却忽视了酒店从业者对消费者偏好的了解程度，这对新技术的实施也至关重要（Rosenbaum et al.，2015）。本研究填补了这一空白，提高了酒店行业从业者对消费者偏好的了解。

简而言之，消费者类型会影响自助服务技术的引入和采用（Kaushik et al.，2015）。一些消费者更喜欢高科技，而另一些消费者更喜欢与服务人员互动（Ba et al.，2010）。本研究发现，因人口统计学特征、性格特征、旅行概况和先前体验的不同，消费者特征是不同的，并且具有不同的自助服务技术偏好（见图6-8）。因此，在采用自助服务技术之前，酒店从业者应确定目标消费者的特征（Kim et al.，2014），然后根据目标消费者的特征采用自助服务技术或采取针对性策略吸引消费者接受智能化新技术（Liao et al.，2008；Meuter et al.，2005；Wünderlich et al.，2013）。

图6-8　消费者差异的影响

（+代表积极影响；-代表负面影响；±代表混合影响；加粗代表本研究中新发现的前因）

第七节 消费者体验

数据分析发现了消费者体验的多维结构，并揭示了其对酒店管理者和消费者的自助服务技术偏好的影响。

审美体验：与自助服务技术拟人化相关的体验，包括外观和声音。视觉和听觉吸引力可以提升审美体验。

情感体验：使用自助服务技术时获得的各种情绪或感受，包括惊喜、新鲜、舒适、愉悦、乐趣、放松和遗憾。

认知体验：自助服务技术的实用价值，或使用自助服务技术满足消费者需求的有用性，包括自助服务技术提供有用信息的能力、便利性、效率、简化的流程、经济价值和低错误率。

行动体验：与消费者的行动相关的体验。这类体验除了包括控制和自由度之外，还延伸到了消费者的分享行为、对服务失败的自我归因、对生活习惯的反思等方面。

社交体验：涉及其他人和消费者获得的社会价值的体验（如为员工考虑、尊重、信任、时尚、隐私和安全）。科技带来的社会进步感也可能给消费者留下深刻印象。

尽管这些维度的分类有参考 Schmitt（1999）的五个战略体验模块，即感官、情感、思考、行动和自我，但本研究中对每个维度的定义及其下属的具体主题有一些新发现，并进行了详细阐述。首先，在本研究中，认知体验更多的是指功能价值而不是创造性思维。这一发现与消费者选择的相关研究一致，即旨在满足使用需求和功能目标的认知属性是消费者体验的基础（Kim et al.，2013）。其次，除了身体习惯和风俗之外，行动体验更多的是指与消费者行为有关的控制、自由、参与、分享行为、自我归因等。最后，社交体验涉及安全和隐私，本研究中的受访者经常从社交或社会层次对其进行探讨。

多维的消费者体验结构丰富了我们对自助服务技术的消费者体验方面的了解。尽管一些研究考虑了先前体验的影响，但测量标准较简单，包括受访者之前是否使用过这些服务渠道（Kim et al.，2012）和自助服务技术使用频率（Meuter et al.，2005）等，很难全面揭示消费者体验影响因素的复杂性。本研究揭示了消费者体验的五维结构，为未来进行自助服务技术的消费者体验方面的研究奠定了基础，这些研究发现也支持了 Wei 等（2016）的观点：消费者使用自助服务技术的目的从获得功能性转向了体验性。

此外，传统人工服务的消费者体验会影响消费者和酒店管理者的偏好。除了直接影响之外，数据分析还从消费者体验角度出发，揭示了自助服务技术与人工服务在审美、情感、认知和社交体验方面的差异。这些发现为自助服务技术的出现到底是提升了消费者体验（Kasavana，2008）还是降低了消费者体验（Meuter et al.，2003）的争论提供了有用的参考。例如，与人工服务相比，智能化新技术为消费者带来更多的新鲜感，但却让一些消费者感觉不够被尊重。与参照依赖偏好理论一致（Kahneman et al.，1979），本研究进一步发现与传统人工服务的消费者体验之间的差异影响自助服务技术偏好。在人工服务中有过负面体验的消费者更喜欢自助服务技术（Kasavana，2008）。考虑到两种服务渠道各有优劣，服务商应首先明确希望为消费者提供的体验类型，然后据此决定是否采用自助服务技术，以及采用哪种类型的自助服务技术。

此外，定性研究的结果揭示了消费者和酒店管理者的观点之间的差异。酒店管理者往往忽视消费者看重的特定方面，如拟人化、吸引人的声音、放松感和清洁度。相反，消费者未提及的让消费者重新思考生活习惯、提高消费者的参与度和为消费者提供特别的体验等，却对酒店管理者来说很重要。这些差异符合认知供给理论（cognitivist theory of affordance），即实际可能存在的情况（酒店管理者希望为消费者提供的体验）和感知到的情况（消费者的感知体验）之间存在差异。

在 Gentile 等（2007）的研究基础上，基于本研究中发现的各类差异，本研究提出了一个概念框架，旨在阐明不同服务渠道消费者体验的特征及其与主要主体（酒店管理者和消费者）之间的相互作用关系（见图 6-9）。在体验经济时代，“体验式营销”和管理消费者体验非常重要（Xu，2010）。这些发现为酒店从业者在设计消费者体验方面提供了新的有价值的参考。

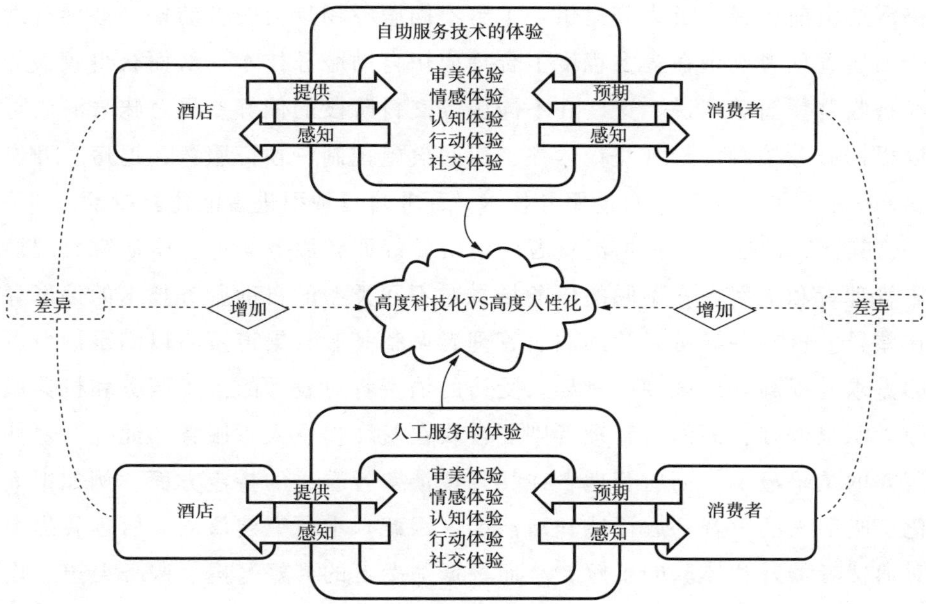

图6-9　消费者体验的影响

第八节　实践贡献

本研究的结果可以作为组织新技术采用决策的关键依据，有利于解决新一轮科技革命对旅游业服务模式的重构所带来的新挑战，为酒店业及旅游业智能化新技术发展奠定了理论、方法和技术基础，有助于实现我国《“十四五”文化和旅游发展规划》提出的“深入实施科技创新驱动战略，强化自主创新，集合优势资源，加强关键技术研发和应用，全面提升文化和旅游科技创新能力”的目标。

首先，本研究为酒店在服务过程中部署人工服务和自助服务技术提供了更为有效的策略参考。在竞争日益激烈的市场中，服务渠道的有效管理可以增加酒店成功可能性和提高盈利能力（Meuter et al.，2000）。本研究的受访者建议酒店在配置自助服务技术时应该考虑服务交付阶段和服务接触场景的差异。例如，消费者#26偏好通过智能手机完成退房，但开发票服务仍需要由前台服务员为其提供。了解不同服务场景消费者的偏好差异有助于酒店管理者确定在多大程度上合理应用自助服务技术，从而获得较大的经济收益。简单来说，这些在不同服务交付阶段的偏好差异意味着酒店可以根据服务接触场景（登记入住、房间设施控制、预订服务、退房、开发票）等有针对性地引入自助服务技术，而非盲目地引进智能化新技术。

其次，酒店应该根据消费者的消费偏好调整服务渠道。本研究发现酒店管理者和消费者在不同的服务场景对不同类型的自助服务技术的偏好存在差异。这些差异可以帮助酒店管理者调整其服务渠道策略以满足消费者的需求并提高其忠诚度。例如，受访的消费者对餐厅的人工服务和机器服务无明显偏好，而酒店管理者则更喜欢在餐厅提供人工服务。此外，定性研究的结果显示，酒店管理者往往忽视消费者看重的特定方面，例如拟人化、吸引人的声音、放松感和清洁度。因此，本研究建议酒店管理者提高对消费者偏好和体验的了解，从而根据消费者的喜好来提供服务渠道、设计体验，进而节约成本和时间，提高消费者忠诚度，助力酒店的可持续发展。

再次，酒店应辩证地看待自助服务技术所带来的高参与度。消费者往往认为酒店是一个以人为本的行业，希望得到人的服务。因此，在采用自助服务技术时要特别注意消费者是否会认为自助服务技术是酒店将自己的责任转移到消费者身上。从这个角度来说，高参与度反而降低了消费者的满意度。这一研究发现与Hilton等（2013）的研究结果一致，即消费者从自助服务技术获得的价值不应低于他们参与其中所付出的成本。本研究建议有充足预算的酒店可以同时提供自助服务技术和人工服务，将选择的权利留给消费者。或者，酒店可以考虑提供免费自助服务技术，而对人工服务收费。

此外，根据影响偏好前因的正向和负向影响，酒店管理者可以在引入自助服务技术时做出更合理的决定，而不是盲目地相信自助服务技术的优势。新闻媒体往往会夸大自助服务技术的优势。酒店管理者可能会被这些被过度宣传的益处所吸引，盲目地引入自助服务技术。本研究发现的抑制因素（如功能简单等）及相较于人工服务的优劣势可以引导酒店管理者在引入自助服务技术前综合考虑环境因素、组织因素、渠道因素、任务因素和消费者差异等，从而做出更合理的采纳和应用决策。

最后，本研究在指导酒店培养消费者使用自助服务技术的习惯方面具有重要的意义。例如，酒店可以提供详细的使用手册，提升使用自助服务技术的简便性，或提供激励措施，以鼓励消费者使用这些技术。事实证明，激励措施在培养消费者习惯方面是非常有效的。例如，美团、饿了么、滴滴打车等应用刚推出时，人们还不太熟悉。然而，折扣降价和优惠券等促销手段引发了用户的快速增长，如今我国的许多居民都离不开这些应用。

第九节　本章小结

本章梳理了研究结果与先前文献的联系与区别。本研究为先前的研究提供了实证支持，并在此基础上，丰富了个人和组织采用技术的相关知识。具体来说，本研究发现的环境方面的促进因素和抑制因素（如行业性质、竞争压力和政府法规）支持了早期关于组织技术采用的相关研究成果。其他新发现的环境前因丰富了酒店如何根据外部环境因素，战略性地采用自助服务技术的专业知识。此外，相比酒店管理者，消费者提及外部环境影响的频率较低，但外部环境影响消费者技术偏好的新发现也有助于弥补该方面的研究空白。

除了证实了组织因素对酒店自助服务技术偏好的影响外，本研究的研究结果还通过揭示酒店、酒店业主、酒店集团和技术公司的影响，扩展了先前研究对组织影响因素的探究范围。本研究可能是较早发现酒店特征和酒店预期效益也会对消费者偏好产生影响的实证研究。

研究发现在谈及对自助服务技术的偏好时，消费者和酒店管理者会不自觉将其与人工服务进行比较。这一发现凸显了在探究自助服务技术应用时考虑人工服务的必要性，而不应将它们剥离开来（Eriksson et al.，2007；Gelderman et al.，2011）。

除了确认先前研究发现的任务复杂性的影响（Selnes et al.，2001；Simon et al.，2007；Wang et al.，2012）之外，本研究发现使用任务复杂性对技术采用的影响与自助服务技术替代的原始服务渠道有关。此外，本研究发现任务的多样性、任务频率和消费者需求等都会影响消费者对自助服务技术的偏好，丰富了任务因素对个人和组织技术采用的影响的有关知识。

本研究还发现消费者的偏好会因人口统计学特征、性格特征、旅行概况和先前体验而有所不同。

本研究确定了构成消费者体验的五个维度及其主要主体（酒店管理者和消费者）之间的关系，还发现自助服务技术体验与人工服务体验之间存在差异，并影响消费者和酒店的技术采用。定性研究发现，消费者和酒店管理者对自助服务技术的偏好更多地通过对比自助服务技术与人工服务情境下的消费者体验来决定，只有当自助服务技术的消费者体验比传统人工服务状态下更好时，他们才会决定使用自助服务技术。

简而言之，消费者和酒店管理者对智能化自助服务技术的偏好受到外部环境、组织特征和核心服务接触体验的影响。服务接触由服务渠道、服务任务和消费者构成。这些属性与消费者的体验共同影响消费者和酒店管理者的偏好。

本研究对于酒店业应用智能化新技术具有重要的参考价值。

参考文献

[1] Ajzen I. The theory of planned behavior[J]. Organizational Behavior and Human Decision Processes, 1991, 50(2): 179 - 211.

[2] Ajzen I, Madden T J. Prediction of goal-directed behavior: attitudes, intentions, and perceived behavioral control[J]. Journal of Experimental Social Psychology, 1986, 22(5): 453 - 474.

[3] Anand P, Sternthal B. Strategies for designing persuasive messages: deductions from the resource matching hypothesis[M]. Lexington: Lexington Books, 1989.

[4] Anderson E. High tech v. high touch: a case study of TQM implementation in higher education[J]. Managing Service Quality: An International Journal, 1995, 5(2): 48 - 56.

[5] Anning - Dorson T. Customer involvement capability and service firm performance: The mediating role of innovation. Journal of Business Research[J], 2018, 86:269-280.

[6] Apte U M, Vepsäläinen A P J. High tech or high touch? Efficient channel strategies for delivering financial services[J]. The Journal of Strategic Information Systems, 1993, 2(1): 39 - 54.

[7] Ariza-Montes A, Arjona-Fuentes J M, Han H, et al. Employee responsibility and basic human values in the hospitality sector[J]. International Journal of Hospitality Management, 2017, 62: 78 - 87.

[8] Ba S, Stallaert J, Zhang Z. Balancing IT with the human touch: Optimal investment in IT - based customer service[J]. Information Systems Research, 2010, 21(3): 423 - 442.

[9] Baker J. The technology - organization - environment framework[J]. Information Systems Theory: Explaining and Predicting Our Digital Society, 2011, 1: 231 - 245.

[10] Bandura A. Self-efficacy: toward a unifying theory of behavioral change

[J]. Psychological Review, 1977, 84(2): 191.

[11] Bandura A, Wood R. Effect of perceived controllability and performance standards on self-regulation of complex decision making[J]. Journal of Personality and Social Psychology, 1989, 56(5): 805.

[12] Bateson J E. Self-service consumer: an exploratory study[J]. Journal of Retailing, 1985, 61(3): 49 - 76.

[13] Beatson A, Coote L V, Rudd J M. Determining consumer satisfaction and commitment through self-service technology and personal service usage[J]. Journal of Marketing Management, 2006, 22(7 - 8): 853 - 882.

[14] Berry L L, Bolton R N, Bridges C H, et al. Opportunities for innovation in the delivery of interactive retail services[J]. Journal of Interactive Marketing, 2010, 24(2): 155 - 167.

[15] Betancourt R R, Chocarro R, Cortiñas M, et al. Channel choice in the 21st century: the hidden role of distribution services[J]. Journal of Interactive Marketing, 2016, 33: 1 - 12.

[16] Biedenbach G, Bengtsson M, Wincent J. Brand equity in the professional service context: analyzing the impact of employee role behavior and customer - employee rapport[J]. Industrial Marketing Management, 2011, 40(7): 1093 - 1102.

[17] Bitner M J. Evaluating service encounters: the effects of physical surroundings and employee responses[J]. Journal of Marketing, 1990, 54(2): 69 - 82.

[18] Bitner M J, Booms B H, Mohr L A. Critical service encounters: the employee's viewpoint[J]. Journal of Marketing, 1994, 58(4): 95 - 106.

[19] Bitner M J, Booms B H, Tetreault M S. The service encounter: diagnosing favorable and unfavorable incidents[J]. Journal of Marketing, 1990, 54(1): 71 - 84.

[20] Bitran G, Lojo M. A framework for analyzing the quality of the customer interface[J]. European Management Journal, 1993, 11(4): 385 - 396.

[21] Buell R W, Campbell D, Frei F X. Are self-service customers satisfied

or stuck? [J] Production and Operations Management, 2010, 19(6): 679 - 697.

[22] Cassab H. Investigating the dynamics of service attributes in multi-channel environments[J]. Journal of Retailing and Consumer Services, 2009,16(1): 25 - 30.

[23] Chang K C. Effect of servicescape on customer behavioral intentions: Moderating roles of service climate and employee engagement[J]. International Journal of Hospitality Management, 2016, 53: 116 - 128.

[24] Chen J S, Tsou H T, Huang A Y H. Service delivery innovation: antecedents and impact on firm performance[J]. Journal of Service Research, 2009, 12(1): 36 - 55.

[25] Cohen E. A phenomenology of tourist experiences[J]. Sociology, 1979, 13(2): 179 - 201.

[26] Collier J E, Barnes D C. Self-service delight: exploring the hedonic aspects of self-service[J]. Journal of Business Research, 2015, 68(5): 986 - 993.

[27] Collier J E, Moore R S, Horky A, et al. Why the little things matter: exploring situational influences on customers' self-service technology decisions[J]. Journal of Business Research, 2015, 68(3): 703 - 710.

[28] Considine E, Cormican K. Self-service technology adoption: an analysis of customer to technology interactions[J]. Procedia Computer Science, 2016, 100: 103 - 109.

[29] Creswell J W, Clark V L P. Designing and conducting mixed methods research[M]. Sage publications, 2007.

[30] Cunningham L F, Young C E, Gerlach J. A comparison of consumer views of traditional services and self-service technologies[J]. Journal of Services Marketing, 2009, 23(1): 11 - 23.

[31] Curran J M, Meuter M L. Self-service technology adoption: comparing three technologies[J]. Journal of Services Marketing, 2005, 19(2): 103 - 113.

[32] Curran J M, Meuter M L, Surprenant C F. Intentions to use self-ser-

vice technologies: a confluence of multiple attitudes[J]. Journal of Service Research, 2003, 5(3): 209 - 224.

[33] Dabholkar P A. Technology - based service delivery: a classification scheme for developing marketing strategies[J]. Advances in Services Marketing and Management, 1994, 3(1): 241 - 271.

[34] Dabholkar P A. Consumer evaluations of new technology-based self-service options: an investigation of alternative models of service quality [J]. International Journal of Research in Marketing, 1996, 13(1): 29 - 51.

[35] Dabholkar P A, Bagozzi R P. An attitudinal model of technology-based self-service: moderating effects of consumer traits and situational factors[J]. Journal of the Academy of Marketing Science, 2002, 30(3): 184 - 201.

[36] Dabholkar P A, Spaid B I. Service failure and recovery in using technology-based self-service: effects on user attributions and satisfaction[J]. The Service Industries Journal, 2012, 32(9): 1415 - 1432.

[37] Danaher P J, Mattsson J. Customer satisfaction during the service delivery process[J]. European Journal of Marketing, 1994, 28(5): 5-16.

[38] Davis F D. A technology acceptance model for empirically testing new end-user information systems: theory and results[D]. Cambridge: Massachusetts Institute of Technology, 1985.

[39] Davis F D, Bagozzi R P, Warshaw P R. User acceptance of computer technology: a comparison of two theoretical models[J]. Management Science, 1989, 35(8): 982 - 1003.

[40] Dhar R L. Service quality and the training of employees: the mediating role of organizational commitment[J]. Tourism Management, 2015, 46, 419 - 430.

[41] Dibra M. Rogers theory on diffusion of innovation-the most appropriate theoretical model in the study of factors influencing the integration of sustainability in tourism businesses[J]. Procedia - Social and Behavioral Sciences, 2015, 195: 1453 - 1462.

[42] Donner S, Dudley C. Balancing customer contact and high-tech delivery

[J]. ABA Banking Journal,1997,89(1): 18-20.

[43] Eriksson K, Nilsson D. Determinants of the continued use of self-service technology: the case of Internet banking[J]. Technovation,2007,27(4): 159 - 167.

[44] Fajen B R, Riley M A, Turvey M T. Information, affordances, and the control of action in sport[J]. International Journal of Sport Psychology, 2008,40(1): 79-107.

[45] Fan A, Wu L, Mattila A S. Does anthropomorphism influence customers' switching intentions in the self-service technology failure context? [J]. Journal of Services Marketing,2016,30(7): 713 - 723.

[46] Ferrell L, Ferrell O C. Redirecting direct selling: high-touch embraces high-tech[J]. Business Horizons,2012,55(3): 273 - 281.

[47] Fischer E, Gainer B, Bristor J. The sex of the service provider: does it influence perceptions of service quality? [J]. Journal of Retailing, 1997, 73(3): 361 - 382.

[48] Foroudi P, Jin Z, Gupta S, et al. Influence of innovation capability and customer experience on reputation and loyalty[J]. Journal of Business Research,2016,69(11): 4882 - 4889.

[49] Froehle C M, Roth A V. New measurement scales for evaluating perceptions of the technology-mediated customer service experience[J]. Journal of Operations Management,2004,22(1): 1 - 21.

[50] Gaver W W. Technology affordances[C]// Proceedings of the SIGCHI Conference on Human Factors in Computing Systems.1991: 79 - 84.

[51] Gelderman C J, Paul W, Van Diemen R. Choosing self-service technologies or interpersonal services—The impact of situational factors and technology-related attitudes[J]. Journal of Retailing and Consumer Services,2011,18(5): 414 - 421.

[52] Gentile C, Spiller N, Noci G. How to sustain the customer experience:: an overview of experience components that co-create value with the customer[J]. European Management Journal,2007,25(5): 395 - 410.

[53] Gibson J J. The ecological approach to visual perception[M]. Boston:

Houghton Mifling, 1979.

[54] Giebelhausen M, Robinson S G, Sirianni N J, et al. Touch versus tech: when technology functions as a barrier or a benefit to service encounters [J]. Journal of Marketing, 2014, 78(4): 113 - 124.

[55] Gilmore J H, Pine B J. Differentiating hospitality operations via experiences: why selling services is not enough[J]. Cornell Hotel and Restaurant Administration Quarterly, 2002, 43(3): 87 - 96.

[56] Glenberg A M. What memory is for: creating meaning in the service of action[J]. Behavioral and Brain Sciences, 1997, 20(1): 41 - 50.

[57] Goodhue D L, Thompson R L. Task-technology fit and individual performance[J]. MIS Quarterly, 1995: 213 - 236.

[58] Grace D, O' Cass A. Examining service experiences and post - consumption evaluations[J]. Journal of Services Marketing, 2004, 18 (6): 450 - 461.

[59] Griffy-Brown C, Chun M W S, Machen R. Hilton hotels corporation self-service technology[J]. Journal of Information Technology Case and Application Research, 2008, 10(2): 37 - 57.

[60] Grönroos C. A service quality model and its marketing implications[J]. European Journal of Marketing, 1984, 18(4): 36 - 44.

[61] Gwinner K P, Bitner M J, Brown S W, et al. Service customization through employee adaptiveness[J]. Journal of Service Research, 2005, 8 (2): 131 - 148.

[62] Hameed M A, Counsell S, Swift S. A conceptual model for the process of IT innovation adoption in organizations[J]. Journal of Engineering and Technology Management, 2012, 29(3): 358 - 390.

[63] Hanks L, Line N D, Mattila A S. The impact of self-service technology and the presence of others on cause-related marketing programs in restaurants[J]. Journal of Hospitality Marketing & Management, 2016, 25 (5): 547 - 562.

[64] Hansen H R. Conceptual framework and guidelines for the implementation of mass information systems[J]. Information & Management,

1995,28(2): 125 - 142.

[65] Hartline M D, Ferrell O C. The management of customer-contact service employees: an empirical investigation[J]. Journal of Marketing, 1996,60(4): 52 - 70.

[66] Hilton T, Hughes T, Little E, et al. Adopting self-service technology to do more with less[J]. Journal of Services Marketing, 2013, 27(1): 3 - 12.

[67] Holbrook M B. The nature of customer value: an axiology of services in the consumption experience[J]. Service quality: New directions in theory and practice, 1994, 21-71.

[68] Holbrook M B, Hirschman E C. The experiential aspects of consumption: consumer fantasies, feelings, and fun[J]. Journal of Consumer Research, 1982, 9(2): 132 - 140.

[69] Holsti O R. Content analysis for the social sciences and humanities[M]. Boston: Addison-Wesley, 1969.

[70] Hou Y, Zhang K, Li G. Service robots or human staff: how social crowding shapes tourist preferences[J]. Tourism Management, 2021, 83: 104242.

[71] Hsieh J K. The effect of frontline employee co-creation on service innovation: comparison of manufacturing and service industries[J]. Procedia-Social and Behavioral Sciences, 2016, 224: 292 - 300.

[72] Kahneman D, Tversky A. Prospect theory: an analysis of decision under risk[J]. Econometrica, 1979, 47(2): 263 - 292.

[73] Kasavana M L. The convergence of self-service technology[J]. Hospitality Upgrade, 2008(spring), 122 - 128.

[74] Kattara H S, El-Said O A. Customers' preferences for new technology-based self-services versus human interaction services in hotels[J]. Tourism and Hospitality Research, 2013, 13(2): 67 - 82.

[75] Kaushik A K, Agrawal A K, Rahman Z. Tourist behaviour towards self-service hotel technology adoption: trust and subjective norm as key antecedents[J]. Tourism Management Perspectives, 2015, 16: 278 - 289.

[76] Kaushik A K, Rahman Z. An empirical investigation of tourist's choice of service delivery options: SSTs vs service employees[J]. International Journal of Contemporary Hospitality Management, 2017, 29(7): 1892 - 1913.

[77] Kelly P, Lawlor J, Mulvey M. Customer roles in self-service technology encounters in a tourism context[J]. Journal of Travel & Tourism Marketing, 2017, 34(2): 222 - 238.

[78] Kim D, Perdue R R. The effects of cognitive, affective, and sensory attributes on hotel choice[J]. International Journal of Hospitality Management, 2013, 35: 246 - 257.

[79] Kim J, Christodoulidou N, Brewer P. Impact of individual differences and consumers' readiness on likelihood of using self-service technologies at hospitality settings[J]. Journal of Hospitality & Tourism Research, 2012, 36(1): 85 - 114.

[80] Kim M, Qu H. Travelers' behavioral intention toward hotel self-service kiosks usage[J]. International Journal of Contemporary Hospitality Management, 2014, 26(2): 225 - 245.

[81] Kim S S, Kim J, Badu-Baiden F, et al. Preference for robot service or human service in hotels? Impacts of the COVID-19 pandemic[J]. International Journal of Hospitality Management, 2021, 93:102795.

[82] Kim W G, Cha Y. Antecedents and consequences of relationship quality in hotel industry[J]. International Journal of Hospitality Management, 2002, 21(4): 321 - 338.

[83] Kim W G, Cho M, Brymer R A. Determinants affecting comprehensive property-level hotel performance: the moderating role of hotel type[J]. International Journal of Hospitality Management, 2013, 34: 404 - 412.

[84] Kim W G, Ham S. The impact of information technology implementation on service quality in the hotel industry[J]. Information Technology in Hospitality, 2006, 4(4): 143 - 151.

[85] Kincaid C S, Baloglu S. An exploratory study on the impact of self-service technology on restaurant operations[J]. Journal of Foodservice

Business Research, 2006, 8(3): 55 - 65.

[86] King C, So K K F, Grace D. The influence of service brand orientation on hotel employees' attitude and behaviors in China[J]. International Journal of Hospitality Management, 2013, 34: 172 - 180.

[87] Knutson B J, Beck J A, Kim S, et al. Identifying the dimensions of the guest's hotel experience[J]. Cornell Hospitality Quarterly, 2009, 50 (1): 44 - 55.

[88] Knutson B, Stevens P, Patton M, et al. Consumers' expectations for service quality in economy, mid-price and luxury hotels[J]. Journal of Hospitality & Leisure Marketing, 1993, 1(2): 27 - 43.

[89] Kokkinou A, Cranage D A. Using self-service technology to reduce customer waiting times[J]. International Journal of Hospitality Management, 2013, 33: 435 - 445.

[90] Kokkinou A, Cranage D A. Why wait? Impact of waiting lines on self-service technology use[J]. International Journal of Contemporary Hospitality Management, 2015, 27(6): 1181 - 1197.

[91] Krolikowski M, Yuan X. Friend or foe: customer-supplier relationships and innovation[J]. Journal of Business Research, 2017, 78: 53 - 68.

[92] Kucukusta D, Heung V C S, Hui S. Deploying self-service technology in luxury hotel brands: perceptions of business travelers[J]. Journal of Travel & Tourism Marketing, 2014, 31(1): 55 - 70.

[93] Kurnia S, Karnali R J, Rahim M M. A qualitative study of business-to-business electronic commerce adoption within the Indonesian grocery industry: a multi-theory perspective[J]. Information & Management, 2015, 52(4): 518 - 536.

[94] Larivière B, Bowen D, Andreassen T W, et al. "Service Encounter 2.0": an investigation into the roles of technology, employees and customers[J]. Journal of Business Research, 2017, 79:238 - 246.

[95] Lau P Y Y, Tong J L Y T, Lien B Y H, et al. Ethical work climate, employee commitment and proactive customer service performance: test of the mediating effects of organizational politics[J]. Journal of Retailing

and Consumer Services,2017,35: 20 - 26.

[96] Lee H J, Yang K. Interpersonal service quality, self-service technology (SST) service quality, and retail patronage[J]. Journal of Retailing and Consumer Services,2013,20(1): 51 - 57.

[97] Lee J, Ok C M. Understanding hotel employees' service sabotage: emotional labor perspective based on conservation of resources theory [J]. International Journal of Hospitality Management, 2014, 36: 176 - 187.

[98] Lee M W, Yun M H, Lee J S. High touch: human factors in new product design[C]// Proceedings of the Human Factors and Ergonomics Society Annual Meeting. 1996,40(7): 401 - 405.

[99] Lehtinen U, Lehtinen J R. Two approaches to service quality dimensions[J]. Service Industries Journal,1991,11(3): 287 - 303.

[100] Leonardi P M. When flexible routines meet flexible technologies: affordance, constraint, and the imbrication of human and material agencies[J]. MIS Quarterly,2011,35(1): 147 - 167.

[101] Leung D, Lo A, Fong L H N, et al. Applying the technology-organization - environment framework to explore ICT initial and continued adoption: an exploratory study of an independent hotel in Hong Kong [J]. Tourism Recreation Research,2015,40(3): 391 - 406.

[102] Lewis B R, Entwistle T W. Managing the service encounter: a focus on the employee[J]. International Journal of Service Industry Management,1990,1(3): 41 - 52.

[103] Li M, Hsu C H C. Linking customer - employee exchange and employee innovative behavior[J]. International Journal of Hospitality Management,2016,56: 87 - 97.

[104] Liao HL, Lu H P. The role of experience and innovation characteristics in the adoption and continued use of e-learning websites[J]. Computers & Education,2008,51(4): 1405 - 1416.

[105] Lin J S C, Hsieh P L. Assessing the self-service technology encounters: development and validation of SSTQUAL scale[J]. Journal of

Retailing,2011,87(2): 194 - 206.

[106] Liu C, Hung K. A comparative study of self-service technology with service employees: a qualitative analysis of hotels in China[J]. Information Technology and Tourism,2020,22(1): 33 - 52.

[107] Locke E A. Self-efficacy: the exercise of control[J]. Personnel Psychology,1997,50(3): 801-804.

[108] Lovelock C H. Classifying services to gain strategic marketing insights [J]. Journal of Marketing,1983,47(3): 9 - 20.

[109] Lu J L, Chou H Y, Ling P C. Investigating passengers' intentions to use technology-based self check-in services[J]. Transportation Research Part E: Logistics and Transportation Review,2009,45(2): 345 - 356.

[110] Lu V N, Capezio A, Restubog S L D, et al. In pursuit of service excellence: Investigating the role of psychological contracts and organizational identification of frontline hotel employees[J]. Tourism Management,2016,56: 8 - 19.

[111] Maddux J E. Self-efficacy, adaptation, and adjustment : theory, research, and application[M]. Berlin: Springer Science & Business Media,2013.

[112] Majchrzak A, Markus M L. Technology affordances and constraints in management information systems(MIS)[C]// E H Kessler. Encyclopedia of Management Theory. New York: Sage,2012,832-836.

[113] Mäkinen O. Self-service technology in hotel reseption: finnish customer perceptions[D]. Rovaniemi: University of Lapland,2016.

[114] Malhotra N, Mavondo F, Mukherjee A, et al. Service quality of frontline employees: a profile deviation analysis[J]. Journal of Business Research,2013,66(9): 1338 - 1344.

[115] Mathwick C, Malhotra N, Rigdon E. Experiential value: conceptualization, measurement and application in the catalog and Internet shopping environment[J]. Journal of Retailing,2001,77(1): 39 - 56.

[116] Mattila A. An analysis of means-end hierarchies in cross-cultural con-

text : what motivates Asian and Western business travelers to stay at luxury hotels? [J]. Journal of Hospitality & Leisure Marketing, 1999, 6 (2): 19 - 28.

[117] Mattila A. Consumers' value judgments: how business travelers evaluate luxury-hotel services[J]. Cornell Hotel and Restaurant Administration Quarterly, 1999, 40(1): 46.

[118] Mattila A. Emotional bonding and restaurant loyalty[J]. Cornell Hotel and Restaurant Administration Quarterly, 2011, 42(6): 73 - 79.

[119] Mattila A S, Cho W, Ro H. The role of self-service technologies in restoring justice[J]. Journal of Business Research, 2011, 64 (4): 348 - 355.

[120] Mcintosh A J, Siggs A. An exploration of the experiential nature of boutique accommodation[J]. Journal of Travel Research, 2005, 44(1): 74 - 81.

[121] Melián-González S, Bulchand-Gidumal J. A model that connects information technology and hotel performance[J]. Tourism Management, 2016, 53: 30 - 37.

[122] Melián-González S, Bulchand-Gidumal J. Extending the scope of hotel client reactions to employee injustice: hotel employer reviews on the Internet[J]. International Journal of Hospitality Management, 2017, 63: 93 - 100.

[123] Menguc B, Auh S, Fisher M, et al. To be engaged or not to be engaged: the antecedents and consequences of service employee engagement[J]. Journal of Business Research, 2013, 66(11): 2163 - 2170.

[124] Meuter M L, Bitner M J, Ostrom A L, et al. Choosing among alternative service delivery modes: an investigation of customer trial of self-service technologies[J]. Journal of Marketing, 2005, 69(2): 61 - 83.

[125] Meuter M L, Ostrom A L, Bitner M J. The influence of technology anxiety on consumer use and experiences with self-service technologies[J]. Journal of Business Research, 2003, 56(11): 899 - 906.

[126] Meuter M L, Ostrom A L, Roundtree R I, et al. Self-service technolo-

gies: understanding customer satisfaction with technology-based service encounters[J]. Journal of Marketing, 2000, 64(3): 50 - 64.

[127] Mohr L A, Bitner M J. Process factors in service delivery: what employee effort means to customers[J]. Advances in Services Marketing and Management, 1995, 4(C): 91 - 117.

[128] Mohr L A, Bitner M J. The role of employee effort in satisfaction with service transactions[J]. Journal of Business Research, 1995, 32(3): 239 - 252.

[129] Mohr L A, Henson S W. Impact of employee gender and job congruency on customer satisfaction[J]. Journal of Consumer Psychology, 1996, 5(2): 161 - 187.

[130] Naisbitt J. Megatrends : Ten new directions transforming our lives [M]. New York : Warner Books, 1982.

[131] Naisbitt J, Naisbitt N, Philips D. High tech, high touch : Technology and our search for meaning[M].New York: Broadway, 1999.

[132] Ngo L V, O'cass A. Innovation and business success: the mediating role of customer participation[J]. Journal of Business Research, 2013, 66(8): 1134 - 1142.

[133] Norman D A. The psychology of everyday things[M]. New York: Basic Books, 1988.

[134] Norman D A. Affordance, conventions, and design[J]. Interactions, 1999, 6(3): 38 - 43.

[135] Oh H, Jeong M, Baloglu S. Tourists' adoption of self-service technologies at resort hotels[J]. Journal of Business Research, 2013, 66(6): 692 - 699.

[136] Oh H, Jeong M, Lee S, et al. Attitudinal and situational determinants of self-service technology use[J]. Journal of Hospitality & Tourism Research, 2016, 40(2): 236 - 265.

[137] Ong L I. Can self service technologies work in the hotel industry in Singapore? A conceptual framework for adopting self service technology[D]. Amercia: University of Nevada Las Vegas, 2010, 1-50.

[138] Osmond H. Function as the basis of psychiatric ward design[J]. Psychiatric Services, 1957, 8(4): 23 - 27.

[139] Otto J E, Ritchie J R B. The service experience in tourism[J]. Tourism Management, 1996, 17(3): 165 - 174.

[140] Pan B, Xiang Z, Law R. The dynamics of search engine marketing for tourist destinations[J]. Journal of Travel Research, 2011, 50(4): 365 - 377.

[141] Panda A K, Dash S K, Rath P K. An investigation of reasons affecting customer adoption and rejection of technology based self service (TBSS) on consumer satisfaction and consumer commitment[J]. BVIMR Management Edge, 2011, 4(2): 100 - 104.

[142] Parasuraman A. Technology Readiness Index (TRI): a multiple-item scale to measure readiness to embrace new technologies[J]. Journal of Service Research, 2000, 2(4): 307 - 320.

[143] Parasuraman A, Zeithaml V A, Berry L L. A conceptual model of service quality and its implications for future research[J]. Journal of Marketing, 1985, 49(4): 41 - 50.

[144] Pieterson W, Ebbers W. The use of service channels by citizens in the Netherlands: implications for multi-channel management[J]. International Review of Administrative Sciences, 2008, 74(1): 95 - 110.

[145] Pine B J, Gilmore J H. Welcome to the experience economy[J]. Harvard Business Review, 1998, 76(4): 97 - 106.

[146] Price L L, Arnould E J, Tierney P. Going to extremes: managing service encounters and assessing provider performance[J]. Journal of Marketing, 1995, 59(2): 83 - 97.

[147] Prothro J W. Verbal shifts in the American presidency: a content analysis[J]. American Political Science Review, 1956, 50(3): 726 - 739.

[148] Racherla P, Hu C. eCRM system adoption by hospitality organizations: a technology-organization-environment (TOE) framework[J]. Journal of Hospitality and Leisure Marketing, 2008, 17(1 - 2): 30 - 58.

[149] Rangus K, Slavec A. The interplay of decentralization, employee involvement and absorptive capacity on firms' innovation and business

performance[J]. Technological Forecasting and Social Change, 2017, 120: 195 - 203.

[150] Reddick C G, Turner M. Channel choice and public service delivery in Canada: comparing e - government to traditional service delivery[J]. Government Information Quarterly, 2012, 29(1): 1 - 11.

[151] Rod M, Ashill N J, Gibbs T. Customer perceptions of frontline employee service delivery: a study of Russian bank customer satisfaction and behavioural intentions[J]. Journal of Retailing and Consumer Services, 2016, 30: 212 - 221.

[152] Rogers E M. Diffusion of innovations[M]. New York: Free Press, 1995.

[153] Rosenbaum M S, Wong I K A. If you install it, will they use it? Understanding why hospitality customers take "technological pauses" from self-service technology[J]. Journal of Business Research, 2015, 68(9): 1862 - 1868.

[154] Sahadev S, Islam N. Why hotels adopt ICTs: a study on the ICT adoption propensity of hotels in Thailand[J]. International Journal of Contemporary Hospitality Management, 2005, 17(5): 391 - 401.

[155] Saleh F, Ryan C. Client perceptions of hotels: a multi-attribute approach[J]. Tourism Management, 1992, 13(2): 163 - 168.

[156] Salomann H, Dous M, Kolbe L, et al. Self-service revisited:: how to balance high tech and high touch in customer relationships[J]. European Management Journal, 2007, 25(4): 310 - 319.

[157] Salomann H, Kolbe L, Brenner W. Self-services in customer relationships: balancing high-tech and high-touch today and tomorrow[J]. E-Service, 2006, 4(2): 65 - 84.

[158] Schepers J J L, Nijssen E J, van der Heijden G A H. Innovation in the frontline: exploring the relationship between role conflict, ideas for improvement, and employee service performance[J]. International Journal of Research in Marketing, 2016, 33(4): 797 - 817.

[159] Scherer A, Wangenheim F V. Man versus machine—How the service

channel affects customers' responses to service encounters[C]// Weitzl W J, Beldad A, Einwiller, S, et al. 2016 AMA Winter Educators' Proceedings, Chicago: American Marketing Association, 2016.

[160] Schmitt B. Experiential marketing : How to get customers to sense, feel, think, act, and relate to your company and brands[M]. New York: Free Press, 1999.

[161] Schouten J W, McAlexander J H, Koenig H F. Transcendent customer experience and brand community[J]. Journal of the Academy of Marketing Science, 2007, 35(3): 357 - 368.

[162] Schumann J H, Wünderlich N V, Wangenheim F. Technology mediation in service delivery: A new typology and an agenda for managers and academics[J]. Technovation, 2012, 32(2): 133 - 143.

[163] Selnes F, Hansen H. The potential hazard of self-service in developing customer loyalty[J]. Journal of Service Research, 2001, 4(2): 79 - 90.

[164] Shamim S, Cang S, Yu H. Supervisory orientation, employee goal orientation, and knowledge management among front line hotel employees[J]. International Journal of Hospitality Management, 2017, 62: 21 - 32.

[165] Shareef M A, Dwivedi Y K, Kumar V, et al. Reformation of public service to meet citizens' needs as customers: evaluating SMS as an alternative service delivery channel[J]. Computers in Human Behavior, 2016, 61: 255 - 270.

[166] Sheppard B H, Hartwick J, Warshaw P R. The theory of reasoned action: a meta-analysis of past research with recommendations for modifications and future research[J]. Journal of Consumer Research, 1988, 15(3): 325 - 343.

[167] Shin H, Perdue R R. Self-service technology Research: a bibliometric co-citation visualization analysis[J]. International Journal of Hospitality Management, 2019, 80: 101 - 112.

[168] Shostack G L. Planning the service encounter[M]// Czpiel J A , Soloman M R , Suprenat C F. The service encounter: managing employee/

customer interaction in service businesses. Lexington: Lexington Books, 1995: 243-254.

[169] Siguaw J A, Enz C A, Namasivayam K. Adoption of information technology in US hotels: strategically driven objectives[J]. Journal of Travel Research, 2000, 39(2): 192 - 201.

[170] Silva G M, Styles C, Lages L F. Breakthrough innovation in international business: the impact of tech-innovation and market-innovation on performance[J]. International Business Review, 2017, 26(2): 391 - 404.

[171] Simon F, Usunier J C. Cognitive, demographic, and situational determinants of service customer preference for personnel-in-contact over self-service technology[J]. International Journal of Research in Marketing, 2007, 24(2): 163 - 173.

[172] Slovic P. The construction of preference[J]. American Psychologist, 1995, 50(5): 364 - 371.

[173] Söderlund M. Employee display of burnout in the service encounter and its impact on customer satisfaction[J]. Journal of Retailing and Consumer Services, 2017, 37: 168 - 176.

[174] Söderlund M, Sagfossen S. The depicted service employee in marketing communications: An empirical assessment of the impact of facial happiness[J]. Journal of Retailing and Consumer Services, 2017, 38: 186 - 193.

[175] Solomon M R, Surprenant C, Czepiel J A, et al. A role theory perspective on dyadic interactions: the service encounter[J]. Journal of Marketing, 1985, 49(1): 99 - 111.

[176] Song S M, Kim E, Tang R L, et al. Exploring the determinants of e-Commerce by integrating a technology - organization - environment framework and an expectation - confirmation model[J]. Tourism Analysis, 2015, 20(6): 689 - 696.

[177] Sousa R, Voss C A. Service quality in multichannel services employing virtual channels[J]. Journal of Service Research, 2006, 8(4): 356 - 371.

[178] Sparks B A, Browning V. The impact of online reviews on hotel book-

ing intentions and perception of trust[J]. Tourism Management, 2011, 32(6): 1310 - 1323.

[179] Su C S. The role of service innovation and customer experience in ethnic restaurants[J]. Service Industries Journal, 2011, 31(3): 425 - 440.

[180] Sudarno B E P. Analysis tracking online payment system[J]. International Journal of Scientific & Technology Research, 2012, 1(10): 55 -60.

[181] Teddlie C, Yu F. Mixed methods sampling: a typology with examples [J]. Journal of Mixed Methods Research, 2007, 1(1): 77 - 100.

[182] Teo T S H, Lin S, Lai K. Adopters and non-adopters of e-procurement in Singapore: an empirical study[J]. Omega, 2009, 37(5): 972 - 987.

[183] Tornatzky L G, Fleischer M. The processes of technological innovation[M]. Lexington: Lexington Books, 1990.

[184] Turel O, Connelly C E, Fisk G M. Service with an e-smile: employee authenticity and customer use of web-based support services[J]. Information & Management, 2013, 50: 98 - 104.

[185] Turkle S. Alone together: why we expect more from technology and less from each other[M]. New York: Basic Books, 2011.

[186] Van den Boer Y, Arendsen R, Pieterson W. In search of information: investigating source and channel choices in business-to-government service interactions[J]. Government Information Quarterly, 2016, 33 (1): 40 - 52.

[187] Veal A J. Research methods for leisure and tourism: a practical guide [M]. New Jersey: Pearson Education, 2011.

[188] Venkatesh V, Morris M G, Davis G B, et al. User acceptance of information technology: toward a unified view[J]. MIS Quarterly, 2003, 27 (3): 425 - 478.

[189] Victorino L, Verma R, Plaschka G, et al. Service innovation and customer choices in the hospitality industry[J]. Managing Service Quality: an International Journal, 2005, 15(6): 555 - 576.

[190] Waller V, Farquharson K, Dempsey D. Qualitative social research:

contemporary methods for the digital age[M]. London: Sage, 2015.

[191] Walls A R. A cross-sectional examination of hotel consumer experience and relative effects on consumer values[J]. International Journal of Hospitality Management, 2013, 32: 179 - 192.

[192] Wang C, Harris J, Patterson P G. Customer choice of self-service technology: the roles of situational influences and past experience[J]. Journal of Service Management, 2012, 23(1): 54 - 78.

[193] Wang D, Xiang Z, Fesenmaier D R. Adapting to the mobile world: a model of smartphone use[J]. Annals of Tourism Research, 2014, 48: 11 - 26.

[194] Wang G, Wang J, Ma X, et al. The effect of standardization and customization on service satisfaction[J]. Journal of Service Science, 2010, 2: 1 - 23.

[195] Wang Y S, Li H T, Li C R, et al. Factors affecting hotels' adoption of mobile reservation systems: a technology-organization-environment framework[J]. Tourism Management, 2016, 53: 163 - 172.

[196] Wei W, Torres E, Hua N. Improving consumer commitment through the integration of self-service technologies: a transcendent consumer experience perspective[J]. International Journal of Hospitality Management, 2016, 59: 105 - 115.

[197] Wei W, Torres E N, Hua N. The power of self-service technologies in creating transcendent service experiences: the paradox of extrinsic attributes [J]. International Journal of Contemporary Hospitality Management, 2017, 29(6): 1599 - 1618.

[198] Williams M D, Rana N P, Dwivedi Y K. The unified theory of acceptance and use of technology (UTAUT): a literature review[J]. Journal of Enterprise Information Management, 2015, 28(3): 443 - 488.

[199] Willis J. Foundations of qualitative research: interpretive and critical approaches[M]. Thousand Oaks: Sage, 2007.

[200] Wittmer A. Acceptance of self-service check-in at Zurich airport[J]. Research in Transportation Business & Management, 2011, 1(1): 136 - 143.

[201] Wu C H J, Liang R D. Effect of experiential value on customer satisfaction with service encounters in luxury-hotel restaurants[J]. International Journal of Hospitality Management, 2009, 28(4): 586 - 593.

[202] Wünderlich N V, Wangenheim F V, Bitner M J . High tech and high touch: a framework for understanding user attitudes and behaviors related to smart interactive services[J]. Journal of Service Research, 2013, 16(1): 3 - 20.

[203] Xu B J. Luxury hotel brand equity, customer experience, and their antecedents: a study of business travellers in Hong Kong[D]. Hong Kong: The Hong Kong Polytechnic University, 2010.

[204] Yadegaridehkordi E, Nilashi M, Nasir M H N B M, et al. Predicting determinants of hotel success and development using Structural Equation Modelling (SEM) - ANFIS method[J]. Tourism Management, 2018, 66: 364 - 386.

[205] Yang Y S. The resort hotel experience: conceptualization, measurement, and relation to antecedents and consequences[D]. Hong Kong: The Hong Kong Polytechnic University, 2008.

[206] Yee R W Y, Yeung A C L, Cheng T C E. The impact of employee satisfaction on quality and profitability in high-contact service industries[J]. Journal of Operations Management, 2008, 26(5): 651 - 668.

[207] Yee R W Y, Yeung A C L, Cheng T C E. An empirical study of employee loyalty, service quality and firm performance in the service industry[J]. International Journal of Production Economics, 2010, 124(1): 109 - 120.

[208] Yen D C, Wu C S, Cheng F F, et al. Determinants of users' intention to adopt wireless technology: an empirical study by integrating TTF with TAM[J]. Computers in Human Behavior, 2010, 26(5): 906 - 915.

[209] Yoo K H, Gretzel U. Influence of personality on travel-related consumer-generated media creation[J]. Computers in Human Behavior, 2011, 27(2): 609 - 621.

[210] Yung E, Chan A. Business traveler satisfaction with hotel service en-

counters[J]. Journal of Travel & Tourism Marketing,2002,11(4): 29 - 41.

[211] Zeithaml V A, Gilly M C. Characteristics affecting the acceptance of retailing technologies: a comparison of elderly and nonelderly consumers[J]. Journal of Retailing, 1987, 63(1): 49-68.

[212] Zhang C, Dhaliwal J. An investigation of resource-based and institutional theoretic factors in technology adoption for operations and supply chain management[J]. International Journal of Production Economics, 2009, 120(1): 252 - 269.

[213] Zhang J, Cai L A, Kavanaugh R R. Dimensions in building brand experience for economy hotels—A case of emerging market[J]. Journal of China Tourism Research, 2008, 4(1): 61 - 77.

[214] Zhu Z, Nakata C, Sivakumar K, et al. Self-service technology effectiveness: The role of design features and individual traits[J]. Journal of the Academy of Marketing Science, 2007, 35: 492 - 506.

[215] Zhu Z, Nakata C, Sivakumar K, et al. Fix it or leave it? Customer recovery from self-service technology failures[J]. Journal of Retailing, 2013, 89(1): 15 - 29.

[216] Zins A H. Leisure traveler choice models of theme hotels using psychographics[J]. Journal of Travel Research, 1998, 36(4): 3 - 15.

[217] Zins A H. Consumption emotions, experience quality and satisfaction: a structural analysis for complainers versus non-complainers[J]. Journal of Travel & Tourism Marketing, 2002, 12(2 - 3): 3 - 18.

[218] 曹忠鹏,赵晓煜,代祺.顾客继续使用自助服务技术影响因素研究[J].南开管理评论,2010,13(3):90 - 100.

[219] 岑成德,甘小添.自助服务技术环境下的顾客参与及其影响因素研究[J].预测,2011,30(2):21 - 27.

[220] 陈凡.基于自助服务的顾客使用意向与自我效能的关系研究[D].武汉:华中师范大学,2014.

[221] 董大海,王新浩,马秀芳.焦虑和感知有用性对自助服务技术使用忠诚的影响机理研究[J].现代管理科学,2013,(1):16 - 19.

[222] 高维,董大海.自助服务技术采用的前因与模式: 文献综述[J].技

术经济,2011,30(3):36 - 40.

[223] 姜陆.自助服务技术使用程度影响因素研究[D].大连:大连理工大学,2013.

[224] 姜陆,金玉芳.基于偏好理论的自助服务使用行为影响因素研究[J].管理评论,2016,28(4):201 - 211.

[225] 李从欣.酒店员工流失及人力资源管理开发[D].天津:天津大学,2007.

[226] 刘英姿,吴昊,林伟.企业信息化阶段的发展模式及阶段特征分析.科技管理研究,2004(2):101 - 103.

[227] 刘顺忠.关系营销在顾客主导自助服务体验中的作用机制[J].经济经纬,2018,35(6):107 - 113.

[228] 刘顺忠.关系维持对顾客与自助服务技术关系构建倾向的影响[J].中国流通经济,2020,34(1):65 - 73.

[229] 刘洋.自助服务情境下顾客感知控制、自我效能感对购买意向的影响[J].科教导刊(上旬刊),2016,(7):121 - 122,154.

[230] 楼尊.消费者对SSTs的评价与使用——企业形象、自我效能的调节作用[J].管理评论,2010,22(1):29 - 36.

[231] 吕敏,王显成.酒店员工高流失率成因探析[J].北方经贸,2009(01):132 - 133.

[232] 汪平,张丽君,孙鲁平.参照依赖的消费者选择及其建模方法回顾与展望[J].中国管理科学,2022,30(04):119-131.

[233] 王新浩,马秀芳.自助服务技术使用中焦虑对忠诚的影响研究——以网上银行为背景[J].科技与管理,2012,14(2):61 - 66.

[234] 韦斐琼,樊亚凤,江林.自助服务技术研究回顾、述评与展望[J].商业经济研究,2016(5):51 - 54.

[235] 吴瑞鹏,陈国青,郭迅华.中国企业信息化中的关键因素[J].南开管理评论,2004(3):74 - 79.

[236] 徐峰.基于整合TOE框架和UTAUT模型的组织信息系统采纳研究[D].济南:山东大学,2012.

[237] 杨琴,尹奇凤.浅析我国酒店员工流失现象及对策[J].商,2012(22):54.

附　录

附录A　深度访谈提纲

A.1　面向酒店管理者的深度访谈大纲

近年来,信息技术飞速发展。人们生活的各个方面都受到了影响。酒店业也不例外。自助服务技术的发展为提高酒店业和旅游业的消费者体验提供了无限可能。

1. 您怎么看待自助服务技术在酒店中的应用?

2. 中国酒店应用自动服务技术的现状是什么?

3. 你们酒店应用自动服务技术了吗?

a. 应用了

目前你们酒店应用了哪些自动服务技术?

你们酒店用这些自助服务科技技术多久了?

你们酒店决定应用自助服务技术的原因是什么?

消费者的反馈如何?

比如,消费者的接受度怎么样?为什么?

消费者的体验怎么样?为什么?

b. 未应用

你们酒店决定不使用自动服务技术的原因是什么?

你们酒店未来会使用自动服务技术吗?为什么?

4. 作为一个酒店管理者,您更偏好自动服务技术还是人工服务?为什么?

5. 让我们从单个场景来看。作为酒店管理者,您偏好通过哪种渠道(手机入住、自助入住机、前台或者其他服务渠道)为消费者办理登记入住?为什么?

通过使用这种服务渠道，您觉得会为消费者提供什么样的体验？

6. 作为酒店管理者，您偏好通过哪种渠道（手机、平板电脑、控制面板、智能语音、传统开关或者其他服务渠道）帮助消费者控制房间设施（如开关电视、窗帘或者灯光）？为什么？

通过使用这种服务渠道，您觉得会为消费者提供什么样的体验？

7. 作为酒店管理者，您偏好通过哪种渠道（电视、手机、平板电脑或者其他服务渠道）为消费者提供客房服务预订？为什么？

通过使用这种服务渠道，您觉得会为消费者提供什么样的体验？

8. 作为酒店管理者，您偏好通过哪种渠道（机器人还是服务员）为消费者递送客房服务？为什么？

通过使用这种服务渠道，您觉得会为消费者提供什么样的体验？

9. 作为酒店管理者，您偏好通过哪种渠道（手机、平板电脑、服务员或者其他服务渠道）为消费者在餐厅里点餐或预订其他服务？为什么？

通过使用这种服务渠道，您觉得会为消费者提供什么样的体验？

10. 作为酒店管理者，您偏好通过哪种渠道（机器人还是服务员）为消费者在餐厅里递送服务（如上菜）？为什么？

通过使用这种服务渠道，您觉得会为消费者提供什么样的体验？

11. 作为酒店管理者，您偏好通过哪种渠道（手机、自助退房机、前台或者其他服务渠道）为消费者办理退房？为什么？

通过使用这种服务渠道，您觉得会为消费者提供什么样的体验？

12. 作为酒店管理者，您偏好通过哪种渠道（扫二维码开发票、自助开发票机、前台或者其他服务渠道）为消费者开发票？为什么？

通过使用这种服务渠道，您觉得会为消费者提供什么样的体验？

13. 您怎么看待自助服务技术未来在酒店的应用？为什么？

14. 受访者的人口统计学特征

年龄：

性别：

受教育程度：

职位：

请问您当酒店管理者有多少年了？

15. 酒店的统计学特征

酒店名称：

客房数量：

酒店年龄：

酒店星级：

酒店分类(豪华型/高档型/中档型/经济型)：

酒店类型(商务/度假)：

酒店隶属关系(国际连锁/国内连锁/独立产权)：

编号________________

日期________________

姓名________________

A.2 面向消费者的深度访谈大纲

1. 您上次的住宿体验怎么样？让我们回想一下，从登记入住开始到客房到餐厅……

2. 您选择这家酒店的原因是什么？

3. 近年来，信息技术飞速发展，人们生活的各个方面都受到了影响，酒店业也不例外。自助服务技术的发展为提高酒店业和旅游业的消费者体验提供了无限可能。

酒店应用自助服务技术会影响您对酒店的选择吗？

多大程度上会影响您的选择？为什么？

4. 您上次住的酒店有自助服务技术吗？

a) 如果有，您上次使用了自助服务技术吗？

i) 如果使用了，您使用了哪种自动服务技术？

您使用自动服务技术的体验如何？

ii) 如果没有，您没有使用自动服务技术的原因是什么？

b) 如果您上次住的酒店没有自助服务技术，跳至问题5。

5. 下一次，如果有机会在酒店服务过程中（如登记入住、客房、餐厅和退房）使用自动服务技术，您会使用自动服务技术吗？还是继续使用传统的人工服务？为什么？

6. 让我们从单个场景来看。关于登记入住，您偏好哪种服务渠道（手机入住、自助入住机、前台或者其他服务渠道）为什么？

通过使用这种服务渠道，您觉得您会获得什么样的体验？

7. 关于使用房间设施（如开关电视、窗帘或灯光），您偏好哪种服务渠道（手机、平板电脑、控制面板、智能语音、传统开关或者其他服务渠道）？为什么？

通过使用这种服务渠道，您觉得您会获得什么样的体验？

8. 关于客房服务预订，您偏好哪种服务渠道（电视、手机、平板电脑或者其他服务渠道）？为什么？

通过使用这种服务渠道，您觉得您会获得什么样的体验？

9. 关于客房服务交付，您偏好哪种服务渠道（机器人还是服务员）？为什么？

通过使用这种服务渠道，您觉得您会获得什么样的体验？

10. 关于在餐厅里点餐或预订其他服务，您偏好哪种服务渠道（手机、平板电脑、服务员或者其他服务渠道）？为什么？

通过使用这种服务渠道，您觉得您会获得什么样的体验？

11. 关于在餐厅里递送服务（如上菜），您偏好哪种服务渠道（机器人还是服务员）？为什么？

通过使用这种服务渠道，您觉得您会获得什么样的体验？

12. 关于退房，您偏好哪种服务渠道（手机、自助退房机、前台或者其他服务渠道）？为什么？

通过使用这种服务渠道，您觉得您会获得什么样的体验？

13. 关于开发票，您偏好哪种服务渠道（扫二维码开发票、自助开发票机、前台或者其他服务渠道）？为什么？

通过使用这种服务渠道，您觉得您会获得什么样的体验？

14. 您怎么看待自助服务技术未来在酒店的应用？为什么？

15. 受访者的人口统计学特征：

年龄：

性别：

受教育程度：

16. 酒店的统计学特征：

酒店名称：

客房数量：

酒店年龄：

酒店星级：

酒店分类（豪华型/高档型/中档型/经济型）：

酒店类型（商务/度假）：

酒店隶属关系（国际连锁/国内连锁/独立产权）：

17. 住宿概况

住宿目的：

住宿时长：

住宿同伴：

您一年旅行几次？

您经常去国外旅游还是国内旅游？

编号__________________

日期__________________

姓名__________________

附录B　受访者对酒店服务渠道的偏好

B.1　受访的消费者对酒店服务的偏好($n = 30$)

受访者编号	登记入住	控制房间设备			预订客房服务	递送客房服务	餐厅/酒吧点餐服务	在酒吧/餐厅递送服务	退房	开发票
		控制灯光	控制窗帘	控制电视，空调或音乐						
消费者#1	前台	不详	不详	不详	平板电脑	不详	平板电脑	机器人或服务员	不详	不详
消费者#2	手机入住	不详	不详	不详	平板电脑	机器人	平板电脑	机器人或服务员	自助服务终端	不详
消费者#3	自助服务终端	不详	不详	智能语音管理系统	平板电脑	服务员	服务员或平板电脑	机器人或服务人员	前台	不详
消费者#4	手机入住	不详	不详	不详	平板电脑或呼叫前台	机器人	平板电脑	服务人员	手机退房	不详
消费者#5	前台	不详	不详	不详	智能语音管理系统	服务员	服务员	服务员	自助服务终端	不详
消费者#6	前台	不详	不详	不详	智能语音管理系统	服务员	服务员	不详	手机退房	不详
消费者#7	手机入住	不详	不详	不详	智能语音管理系统	不详	平板电脑	不详	电视退房系统	不详
消费者#8	前台	控制面板	控制面板	不详	手机预定系统	服务员	平板电脑	不详	自助服务终端	自助服务终端

续表

受访者编号	登记入住	控制房间设备			预订客房服务	递送客房服务	餐厅/酒吧点餐服务	在酒吧/餐厅递送服务	退房	开发票
		控制灯光	控制窗帘	控制电视，空调或音乐						
消费者#9	自助服务终端	控制面板	控制面板	智能语音管理系统	不详	机器人	服务员 或 平板电脑	机器人	退房盒	扫二维码
消费者#10	自助服务终端	控制面板	控制面板	智能语音管理系统	智能语音管理系统	服务员	平板电脑	机器人	不详	不详
消费者#11	前台	控制面板	控制面板	不详	呼叫 前台	机器人	服务员 或 平板电脑	机器人 或 服务员	不详	不详
消费者#12	手机入住	平板电脑	平板电脑	不详	平板电脑	机器人	平板电脑	不详	手机退房	不详
消费者#13	前台	平板电脑	不详	不详	自助服务	不详	平板电脑	服务员	自助服务技术	自助服务技术
消费者#14	手机入住	手机 App	传统开关或控制面板	智能语音管理系统	智能语音管理系统	机器人	平板电脑	机器人	自助服务终端	不详
消费者#15	手机入住	智能语音管理系统	智能语音管理系统	不详	智能语音管理系统	服务员	服务员	机器人 或 服务员	前台	前台
消费者#16	不详	传统开关	传统开关 或 控制面板	智能语音管理系统	智能语音管理系统	机器人	服务员	机器人	退房盒 或 前台	不详
消费者#17	自助服务终端	传统开关 或 控制面板	传统开关 或 控制面板	不详	呼叫 前台	机器人	服务员 或 平板电脑	不详	前台	前台

续表

受访者编号	登记入住	控制房间设备			预订客房服务	递送客房服务	餐厅/酒吧点餐服务	在酒吧/餐厅递送服务	退房	开发票
		控制灯光	控制窗帘	控制电视，空调或音乐						
消费者#18	手机入住	控制面板	控制面板	手机App或智能语音管理系统	呼叫前台	机器人或服务员	服务员	服务员	手机退房	自助服务终端
消费者#19	前台	传统开关或控制面板	控制面板或智能语音管理系统	传统开关或智能语音管理系统	智能语音管理系统	服务员	服务员	服务员	退房盒	前台
消费者#20	手机入住	智能语音管理系统	智能语音管理系统	传统开关或手机App	智能语音管理系统	服务员	不详	机器人或服务员	退房盒	自助服务终端
消费者#21	手机入住	传统开关或控制面板	控制面板	传统开关	呼叫前台	机器人	手机APP或平板电脑	机器人	手机退房	自助服务终端
消费者#22	手机入住	控制面板	手机App	手机App或智能语音管理系统	呼叫前台	机器人	服务员或平板电脑	机器人或服务员	自助服务或前台	扫二维码
消费者#23	手机入住	控制面板	自助服务技术	传统开关	智能语音管理系统	机器人或服务员	服务员或平板电脑	机器人	手机退房	扫二维码
消费者#24	不详	控制面板	智能语音管理系统	不详	智能语音管理系统	机器人	平板电脑	机器人	自助服务终端	自助服务终端

续表

受访者编号	登记入住	控制房间设备			预订客房服务	递送客房服务	餐厅/酒吧点餐服务	在酒吧/餐厅递送服务	退房	开发票
		控制灯光	控制窗帘	控制电视，空调或音乐						
消费者#25	手机入住	智能语音管理系统	智能语音管理系统	智能语音管理系统	智能语音管理系统	机器人	平板电脑	机器人 或 服务员	手机退房	扫二维码
消费者#26	前台	智能语音管理系统	智能语音管理系统	智能语音管理系统	智能语音管理系统	服务员	服务员 或 平板电脑	服务员	手机退房	前台
消费者#27	自助服务终端	智能语音管理系统	智能语音管理系统	智能语音管理系统	智能语音管理系统	服务员	服务员	不详	自助服务终端	扫二维码
消费者#28	手机入住	传统开关和智能开关	不详	智能语音管理系统	智能语音管理系统	服务员	服务员	服务员	退房盒	扫二维码
消费者#29	手机入住	手机APP	智能语音管理系统	智能语音管理系统	智能语音管理系统	不详	不详	机器人	直接离开	自助服务终端 或 电子发票

注：“不详”指受访者未表达自己的偏好；“退房盒”指退房时，消费者把房卡扔进一个盒子里，然后离开。

B.2 酒店经营受访者对酒店服务的偏好(n = 30)

受访者编号	登记入住	控制房间设施	预订客房服务	递送客房服务	餐厅/酒吧点餐服务	在酒吧/餐厅递送服务	退房	开发票
酒店管理者#1	不详	不详	自助服务技术	不详	不详	不详	不详	不详
酒店管理者#2	不详	不详	不详	不详	不详	不详	不详	不详
酒店管理者#3	不详	不详	不详	不详	不详	不详	不详	不详
酒店管理者#4	自助服务终端	智能语音管理系统	智能语音管理系统	机器人	不详	不详	不详	不详
酒店管理者#5	自助服务技术	智能手机App或智能语音管理系统	智能手机App或智能语音管理系统	不详	不详	不详	不详	不详
酒店管理者 #6	自助服务终端	智能语音管理系统	智能语音管理系统	不详	不详	不详	不详	不详
酒店管理者#7	自助服务技术和前台	不详	不详	不详	平板电脑	服务员	前台	不详
酒店管理者#8	自助服务技术和前台	智能语音管理系统	智能语音管理系统	机器人和服务员	平板电脑和服务员	机器人和服务员	自助服务技术	不详
酒店管理者#9	不详	不详	不详	不详	不详	不详	不详	不详

续表

受访者编号	登记入住	控制房间设施	预订客房服务	递送客房服务	餐厅/酒吧点餐服务	在酒吧/餐厅递送服务	退房	开发票
酒店管理者#10	不详	智能语音管理系统	不详	不详	不详	不详	不详	不详
酒店管理者#11	自助服务技术	不详	不详	机器人	不详	服务员	不详	电子发票
酒店管理者#12	自助服务技术	不详	自助服务技术和呼叫前台	不详	不详	不详	不详	不详
酒店管理者#13	自助服务技术	自助服务技术	不详	不详	自助服务技术	不详	自助服务技术	不详
酒店管理者#14	自助服务技术	自助服务技术	自助服务技术	自助服务技术	自助服务技术	自助服务技术	自助服务技术	自助服务技术
酒店管理者#15	不详	不详	不详	不详	智能手机App	不详	不详	不详
酒店管理者#16	不详	不详	不详	不详	不详	不详	不详	不详
酒店管理者#17	前台	自助服务技术	不详	不详	平板电脑	服务员	自助服务技术	不详
酒店管理者#18	自助服务技术和前台	不详	不详	不详	不详	服务员	自助服务技术	不详
酒店管理者#19	手机入住	不详	智能手机App	不详	不详	不详	手机退房	不详
酒店管理者#20	自助服务技术和前台	不详	不详	服务员	平板电脑和服务员	服务员	前台	不详

续表

受访者编号	登记入住	控制房间设施	预订客房服务	递送客房服务	餐厅/酒吧点餐服务	在酒吧/餐厅递送服务	退房	开发票
酒店管理者#21	不详	不详	不详	机器人	不详	机器人	不详	不详
酒店管理者#22	不详	不详	不详	不详	不详	不详	不详	不详
酒店管理者#23	自助服务技术和前台	不详	不详	不详	平板电脑	不详	不详	自助服务技术
酒店管理者#24	自助服务技术和前台	不详	不详	不详	不详	不详	自助服务技术	自助服务技术
酒店管理者#25	前台	不详	智能语音管理系统 或呼叫前台	服务员	自助服务技术	服务员	自助服务技术	不详
酒店管理者#26	不详	自助服务技术	不详	不详	不详	不详	自助服务技术	自助服务技术
酒店管理者#27	自助服务技术和前台	不详	自助服务技术或呼叫前台	不详	平板电脑	不详	自助服务技术和前台	不详
酒店管理者#28	自助服务技术	不详	不详	不详	不详	不详	自助服务技术	不详
酒店管理者#29	前台	不详	呼叫前台	服务员	平板电脑	服务员	不详	不详
酒店管理者#30	自助服务技术	不详	智能语音管理系统 或呼叫前台	机器人	不详	机器人	自助服务技术	自助服务技术

注："不详" 指 受访者未表达自己的偏好。